매상고 향상 비법

후나이식 경영법

머 리 말

나는 1961년부터 '경영 컨설턴트'를 직업으로 삼아 왔으나,
1970년부터는 경영 컨설턴트 회사의 사장직도 겸임하고 있다.

그 덕분에 경영 컨설턴트로서 수천 회사와 사귀어 왔고, 친밀
하게 어울려 주시는 사장님의 수는 1만명을 넘을 것이라고 생각
한다.

많은 회사나 사장님들과 진지하게 사귀다가 알게 된 것은,
사람이나 경영체에 있어서, '재수'라는 것이 얼마나 중요한가
하는 것이다.

그리고 '재수'라는 것이 성공이나 행복의 결정적인 수단이
된다고 하는 것도 알게 되었다. 이 '재수'라고 하는 것은 인간의
노력에 의해 다가오는 것이기도 하고, 또 인간의 행위나 언어 ·
사고에 의해 도망가는 것이기도 하다는 것도 최근에 분명히 알게
되었다.

그리하여 이런 것들에 관해서 3년쯤 전부터 저서 속에서 발표
하기 시작했다. 나의 최근 저서인 《위에 서는 사람의 인간학》
《사람을 활용하는 인간학》《베이식 경영의 권장》《실천 경영
도장》 등을 읽어 본다면, 그것이 어떤 것인가 하는 것을 알게
될 것이다.

사람으로서 이 세상에 태어났다고 하는 것은 멋진 일이다.
사람은 사람 이외의 동물과 비교하면, 지성과 이성을 가지고

있다. 사용하면 사용할수록 좋아지는 머리와, 사물의 옳고 그름을 판단할 수 있고, 좋은 일을 하고 싶다, 나쁜 짓은 하지 말아야 한다고 하는 이성도 있다. 또 지성과 이성이 있기 때문이라고 생각하지만, 크리에이트(창조)하는 능력도 있다.

이와 같은 특별한 존재로서 태어난 사람은, 그 능력을 활용하고, 될 수 있는대로 세상을 위해 사람을 위해, 힘쓰는 사명을 가지고 있다고 생각해도 좋을 것이다. ……아니 그보다도 사명을 가지고 있다고 단언해도 좋다.

나는 직업 때문인지 모르나, 사람으로서의 사명을 다하는 대단히 좋은 방법은 경영자가 되어 경영하는 것이라고 생각하고 있다.

경영자라고 하는 것은 도피할 수 없다. 중소 영세 기업의 경우에는, 자기의 모든 재산을 담보로 넣지 않고서는 경영 자금이 될 수 없는 것이 보통이다. 대기업이 되면, 사회적인 사명이 덮쳐오기마련인데 여기에는 정면으로 맞부딪칠 수 밖에 없다.

아이를 가지면 도피할 수 없기 때문에, 부모가 된 사람은 인간으로서 단번에 성장하는 법인데, 경영자와 비경영자의 최대의 차이는 이 도피할 수 없다는 것에서 오는 것이라고 해도 좋을 듯하다.

또 경영에는 신장하느냐, 쇠퇴하느냐 하는 그 방향 밖에는 없다. 보합 따위는 있을 수 없다. 그것은 신장하지 않으면 달리 방법이 없다고 하는 것으로 된다.

그런데 세상에 존재하는 기업이라고 할까, 경영체의 반수는 신장하고 있으나, 반수는 쇠퇴하고 있다. 신장하기 위해서는, 맹렬한 노력과 능숙한 생존방법이 아무래도 필요하게 된다고 할 수 있다.

이처럼 생각하는 것만으로도 경영자란 지성이나 이성·창조력을 연마하고, 그것을 능숙하게 활용하지 않으면 안되는 것이 일이라는 것을 깨닫게 된다.

그뿐만이 아니다. 경영체의 목적은 첫째로 사회 공공성의 추구이고, 둘째가 인간성(교육성)의 추구, 그 결과로서 수익성이 추구될 수 있는 것이기 때문에, 경영자가 된다고 하는 것은 사람으로서 태어난 사명 추구의 극히 좋은 방법이라고 해도 좋을 것이다.

그런데 나도 최근에 이르러서야 겨우 알게 된 것이지만, 경영에서 성공하는 요령(결정적인 방법의 포인트)이나, 행복하게 되는 요령, 건강하게 되는 요령이 모두 같다는 것이다.

그것들을 위해서는 무엇보다도 '재수'를 가지는 것이 중요하다고 할 수 있다.

왜냐하면 '재수'가 있을 때에는 생각하거나, 실행하거나, 의사 결정을 하는 것은 그 어떤 것이든 잘 되지만, '재수'가 없을 때에 생각하거나, 실행하거나, 의사 결정을 하는 것이 결코 잘 되지 않기 때문이다.

그 '재수'를 가지는 방법을 나는 10년쯤 전에 발견했다. 이 수법을 '재수 원리 응용법'이라고 말하고 있는데, 경영의 세계에서는 '후나이식 즉시 업적 향상법'이라고도 한다.

'재수'를 가지면, 그 다음에 하지 않으면 안되는 것은 '재수'를 잃지 말라는 것이다. 그를 위해서는 시류나 양심, 혹은 원칙에 어긋나는 일을 하지 않는 것이다. 나는 '재수'를 유지하는 것을 '재수 관리를 한다'고 말하고 있다.

'재수'를 가지고, '재수 관리'를 한 뒤에, 다음에 실행하는 것이 '생각을 실현시키는 것'이다. 나는 이것을 '희망 실현법'이라고 말하고 있고, 이미지화(化)와 확신이 결정적인 수단으로 된다.

여하튼 '재수'를 가지고, '재수 관리'를 하고, '희망을 실현' 시키는 요령이 성공 · 행복 · 건강의 요령이기도 하다.

어쨌든 멀지 않아 《능숙하게 사는 인간학》이라는 제목으로, 이것들을 1권의 저서로 정리하여 발표하려고 생각하고 있다.

이 책은 그 《능숙하게 사는 인간학》을 경영이라는 면에서 파악한 것이다.

이 책을 읽으면 '경영'과 '재수'의 관계를 알 수 있게 되고, '경영이라는 것은 시류에 맞든가, 원칙에 맞는 것을 해야 하며, 이 두 가지에 거슬려서는 안된다'고 하는 것도, '재수 관리'나 '재수있는 방법'을 알게 되면 납득되리라고 생각한다.

지금 일본이나 미국도 호경기에 들떠 있다. 그러나 현재의 사회 구조 기간을 이루고 있는 근대 공업화 사회는, 분명히 막다른 골목에 이르렀다고 해도 좋다.

멀지 않아 대변화가 올 것 같고, 지금의 번영은 변화 전의 열매 없는 꽃이라고까지 여겨진다. 그러한 지금, 현재에만 잘살 게 아니라, 본질적으로 훌륭하게 삶을 살아가지 않으면 안된다. 그를 위해 이 책이 경영자를 비롯하여 경영에 관심이 있는 독자에게 도움이 되기를 기대하고 있다.

이 책은, 언제나 경영의 제일선에 있는 저자가 어려운 일에 직면했을 때에 그때마다 그것을 계기로 한 제언을 정리한 것이다. 제일선으로부터의 제언이라고 해도 좋다. 그런 뜻에서 읽어 주기 바란다.

독자가 '재수 원리 이용법'을 터득하기를 기대하면서 머리말로 삼고자 한다.

후나이 유끼오(船井幸雄)

제3장 비상시에의 대응 129

제4장 후나이식 원리·원칙의 경영 ·········· 201

제 1 장

행운을 가져 오는
'후나 이식 경영법'

1. 성공하는 요령을 잡는다

내가 경영 컨설턴트로서 일을 시작한 것은 1961년부터이다. 아직 풋내기였을 무렵, 1967년 경까지는 자주 실패했다. 나의 어드바이즈 미스로 도산한 회사도 몇개 된다. 도산한 회사의 사장이나 그 간부, 혹은 종업원들이 그 뒤에 당하는 어려움과 고통을 볼 때마다 가책을 느꼈고 나의 가슴은 아팠다. 앞으로는 절대로 회사를 도산시켜서는 안된다. 그런 생각으로 나는 필사적으로 노력을 하기 시작했다.

진지하게 공부를 하기 시작한 것은 1965년 경부터였으나, '1967, 68년이 되자 나는 가까스로 한 요령을 터득하게 되었다. 그 뒤부터는 실패는 거의 없게 되었다. 예를 들어 보겠다.

회사가 신장하느냐, 신장하지 못하느냐 하는 것은 업종이나 업태와 관계없이 혹은 메이커·도매·소매업과 관계없이 오로지 경영자에 의해 결정된다.

조직체라고 하는 것이 99%는 그 톱(최고경영자) 한 사람에 의해 결정되는 것이다——그런 확신을 나는 1968년 경부터 갖게 되었다.

그 이후 나에게 컨설턴트를 의뢰하러 오는 경영자들 가운데, 이 사람이라면 크게 신장할 것이라고 추정되는 경영자와 나는

성공의 요령을 발견하라.

약속을 교환하기 시작했다.

"나와 의리있는 교류를 바란다면, 앞으로 10년 동안에 매상을 현재의 50배, 이익을 100배로 올리겠다고 약속하지 않겠습니까?"

"그런 터무니 없는 일이 있을 수 있겠습니까?"

"하지만 앞으로의 일은 알 수 없습니다. 어디 약속을 해보시죠."

내게 설득되어 약속을 교환한 경영자는 1968년 경부터 현재까지 약 190명에 이르고 있다. 그 가운데서 약속을 교환하고 나서 10년 이상 지난 경영자가 약 90명. 약속대로 매상이 50배 이상, 이익이 100배 이상으로 성장한 기업은 60개사를 헤아린다.

더구나 약속을 교환한 회사 가운데, 도산한 기업이든가 이전보다 매상이 떨어진 회사는 1개사도 없다. 매상은 최악에서도 5배, 평균으로 따지면 10년 동안에 30배 이상으로 상승되었다. 거의 모두가 성공을 거두었다고 해도 좋을 것이다.

이런 성공을 쟁취하는 데에는 거기에 무엇인가 한 가지 요령이 있다. 그것을 나는 알게 되었다고 하는 것이다. 그것은 그리 어려운 일이 아니다. 앞으로 이 책에서 말하는 것은 그 요령에 관해서이다.

2. 천지자연(天地自然)의 이치에 따를 것

나의 회사를 예로 들겠다.

나는 1970년에 회사를 설립하고, 이제까지 비교적 순탄하게 사장직을 지켜 왔다. 그리고 사장 자리보다 컨설턴트에 매력이 있으므로, 틈을 내서는 여기 저기 회사를 방문하여 어드바이즈를 하거나, 강연을 하고 지냈던 것이다.

본래의 사장직에 앉아 결재한 것은 한 달에 하루도 없었다. 그런 방만한 경영을 하면서 나의 회사는 창립 이후 10년 동안에 매상이 약 90배, 이익이 180배라고 하는 급성장을 거듭했던 것이다.

어떻게 그 정도로 성장할 수 있었을까. 물론 나의 회사만이 아니다. 클라이언트(Client : 고객)의 회사 성공예 등을 포함하여 생각해 보자. 거기에 한 가지 큰 이유가 있다는 것을 나는 비로소 알게 되었다. 그것은 아무래도 천지 자연의 이치에 맞았기 때문이다, 라고 하는 것이다.

우리 사회에는 세상을 만들고, 움직이고 있는 큰 원리 · 원칙이 있다. 이 원리 · 원칙이야말로 천지 자연의 이치라고 하는 것을 우리들은 알고 있다. 이 세상은 아마도 단순한 원리 · 원칙에 의해 만들어졌고, 운영되고 있는 것이리라.

그러나 우리는 천지 자연의 이치에 대해 모른다. 여러가지를

모든 것은 원리, 원칙에 따라 움직이고 있다.

알고 있는 것 같지만, 실은 세상의 존재 원리, 운영의 원칙을 몇 만분의 1도 모르고 있는 것이 아닐까. 그러나 우리가 모르더라도 세상은 틀림없이 움직이고 있다. 그 움직임 속에 원리 · 원칙이 있다.

이 원리 · 원칙에 맞게 실행하고 있으면, 웬일인지 '행운'이 찾아와서 성공하지만, 그것에 어긋나는 짓을 하고 있으면, '행운'은 도망가고 매상이나 이익도 자연적으로 떨어지게 된다. 요컨대 운이나 '행운'를 불러온다고 하는 것은 천지 자연의 이치에 따르는 것이다 라고 하는 것을 가까스로 알아차리게 된 것이다.

천지 자연의 이치에 따르고 있으면 '행운'을 불러들이고 그것에 거슬리면 '행운'을 잃는다. 경영 컨설턴트라고 하는 사업은 대체로 '행운'이 없고, 경쟁이 어려운 업체로부터 의뢰를 받는 수가 많다.

"업적이 떨어졌습니다. 어떻게 하면 좋을까요."

 그런 때는 우선 현실적인 상태에서 회사를 '재수있는 행운의 상태'로 만들지 않으면 안된다. 그러기 위해 마련된 것이 다음에서 말하는 '즉시 업적 향상법'이라고 하는 노하우인데, 그 밑바닥에 흐르고 있는 것은 어디까지나 천지 자연의 이치인 것이다.
 그러면 천지 자연의 이치란 어떤 것인가.

3. 성공의 3가지 조건

성공에는 세가지 기본 조건이 있다. 천지 자연의 이치를 설명하기 전에 이 성공의 세가지 조건에 관해서 먼저 말해 두겠다. 그러는 것이 이야기를 이해하기 쉽기 때문이다.

나의 회사에는 하루에 15건 정도 새로운 컨설팅 의뢰가 들어오고 있는데, 그 가운데서 실제로 의뢰 맡는 것은 10건 정도이다. 컨설턴트의 수가 부족하기 때문은 아니고, 사실은 전부 맡고 싶지만 그럼에도 10건 정도라고 하는 것은 그 나름대로의 까닭이 있기 때문이다.

우리는 컨설턴트로서 프로(직업적)이기 때문에, 의뢰자를 만나 보고 이야기를 어느 정도 들어보면 그 사람이 사업적으로 발전될 사람인지 아닌지를 당장에 판단할 수 있다.

나의 판단으로는 15명의 의뢰자 가운데 5명은 우선 틀림없다. 발전될지 그렇게 되지 못할지, 의문을 품게 되는 것은 나머지 10명이다. 발전되지 못할 사람에게 열심히 어드바이즈를 해보았자 헛수고가 되는 수가 많다.

같은 노력을 할 바에는 될 수 있는대로 신장될 수 있는 사람에게 봉사하고 싶은 것이 당연할 것이다. 그러나 애써 의뢰를 하러 온 것이기 때문에 될 수 있는대로 일을 맡으려고 한다. 그래서

24

나머지 10명의 경영자를 열심히 설득하는 것이다.

"앞으로 제가 말씀드리는 것을 실천한다면 일을 맡을 것이고 당신의 회사도 발전될 것입니다만, 제 말을 들어 주시겠습니까."

나의 설득 방법이 서투른 탓도 있겠지만 10명 가운데 반 가까이는 설득할 수 있으나 나머지 5명은 설득을 할 수 없다. 그래서 본래 문제가 없다고 여겨지는 5명과 설득이 가능했던 5명을 합쳐서 모두 10명으로부터만 의뢰를 맡고, 나머지 5명은 미안한 일이지만 거절하게 되는 것이다. 더욱 단적으로 말하면, 아무래도 신장될 것 같지 않은 사람으로부터는 처음부터 일을 맡지 않는다.

이리하여 매일 10건 정도의 일을 맡으면, 연간 약 2500건 정도의 컨설팅 일을 하게 되는 것이다. 이 가운데 약 70% 이상은 "지금 매상이 떨어지고 있다, 어떻게 길이 없겠는가?"라고 하는 까다로운 일이다. 10%는 "지금 매우 잘 되어가고 있으나, 이것을 더욱 발전시키고 싶다"고 하는 기분 좋은 의뢰이고, 나머지 2

0%는 그 어느 쪽이라고도 할 수 없는 중간 상태이다.

　이처럼 전체적으로는 까다로운 일이 많지만, 그 가운데 실패하는 것은 연간 10건이 안되고, 평균 7건 정도일 것이다. 결코 나쁜 성적은 아니다.

　그런데 "제 얘기를 들어 주시겠습니까" 하고 의뢰자를 설득하는 경우, 맨 먼저 내놓는 것이 성공의 세가지 조건인 것이다.

4. 우선 공부를 좋아할 것

　성공의 세가지 조건 가운데 하나는 '공부를 좋아하게' 되는 것이다.

　공부를 좋아하게 된다는 것은, 모르던 것을 알게 되어 좋아하거나 혹은 모르는 것에 도전하기를 좋아하게 된다는 것이다. 이것이 없다면 성공은 우선 막연하다.

　일반적으로 나이가 들면 모르는 것에 대한 도전은 마침내 귀찮아지게 되는데, 실제로는 연령은 별로 관계가 없는 것이다. 나이가 들더라도 공부를 할 수 있고, 공부한 것은 충분히 흡수할 수 있는 것이다.

　한국에 34개 계열회사를 가지고, 종업원 18만 명을 거느리고 있는 '삼성 그룹'이라고 하는 재벌그룹이 있다. 그 그룹 가운데 '신세계'라고 하는 한국 제일의 소매업체가 있는데, 사장인 류한섭(柳漢燮)씨는 일본 말을 굉장히 잘 한다. 들어 보면 그는 41살 때에 삼성교육연수센터라고 하는 곳에서 겨우 2개월간, 더구나 처음으로 일본 말을 공부했을 뿐이라고 한다.

　나도 삼성 사원의 안내를 받고, 이 연수 센터에 가 보았는데, 일본어를 가르치는 그 곳의 교실은 완전히 격리된 건물로 되어 있고, 생활 양식도 모두 일본식이며, 놓여 있는 책도 일본어 책뿐이었다.

그 속에서 공부를 하는 것인데 6명의 학생에게 1명씩 일본인 선생이 딸려 있어서 과연 이런 곳에서 공부를 하면 2개월 안에 일본어를 마스터할 수 있구나, 하고 감탄을 하지 않을 수 없었다. 공부를 하고 있는 사람은 젊은이들이 대부분이었지만 개중에는 40살 이상의 사람도 섞여 있었다. 그것을 보고 나는 공부에는 나이가 관계 없으며 나이가 얼마가 되든지, 우리들의 잠재 능력은 한없이 개발되는 것이다, 라고 하는 것을 납득할 수 있었던 것이다.

또한 국제 에코노미스트로서 유명한 하세가와 게이다로(長谷川慶太郞)씨도 40세부터 영어를 배웠다고 한다. 물론 그는 대학 시절에 공부한 기초는 있었다고 하더라도 본격적으로 영어와 씨름하게 된 것은 40세가 되고서부터인 듯하다. 하세가와씨는 지금 온 세계를 영어로 강연을 하며 돌아다니고 있다.

이렇게 보면, 우리는 죽을 때까지 공부를 좋아하는 것이 좋을 것 같

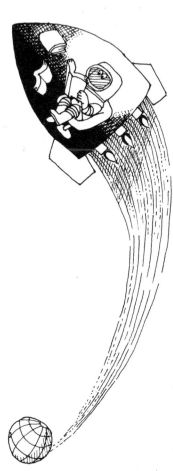

노력형이면서
미지의 세계에
대한 도전

고 모르는 것에 도전하는 것이 얼마나 멋진 일인가 하는 것을 알
게 될 것이다. 그래서 나는 컨설팅 의뢰자들에게 부탁을 하는 것
이 있다.

"여러분의 나이가 60살이거나 70살이라도 무한한 가능성이
있고 머리도 얼마든지 좋아질 수 있습니다. 그리고 여러분이
공부를 싫어하게 되면 부하들도 공부를 싫어하게 되고, 우수한
인재는 모이지 않습니다. 그러므로 철저하게 연구 노력에 힘쓰십
시요."

5. '솔직성'과 '플러스 발상'

성공의 세가지 조건 중에서 둘째는 '솔직성'이다.

'솔직성'이란 무엇인가. 세상에는 모르는 것이 많이 있고 더구나 이제까지 경험한 적이 없는 여러가지 현상이 밀려오고 있다. 그런 때에 자기의 과거 경험이나 지식에만 비추어서 즉시, '그런 어처구니 없는 일이 어디 있어' 하고 일축시키지 말아야 된다. 그것이 '순진한 솔직성'이다. 세상에는 어떤 일이 있는지, 어떤 일이 일어나게 될런지 모르는 법이다.

몇개월 전에 내가 요식업계의 모임에 나간 적이 있다. 회원 중에 이렇게 한탄하고 있는 사람이 있었다.

"우리 업계에서는 연간 매상고가 최고 2,000만엔(평당)이고, 보통이라면 평당 300만엔. 그 이상 매상고를 올릴 수가 없어요."

그러나 그럴 수가 없는 일이 실제로 있었던 것이다. 예를 들면 도쿄의 고이와(小岩)에 1.5평짜리 작은 가게에서 연간 7500만엔의 매상을 올리고 있는 음식점이 있다. 나는 '그렇게 팔릴 리가 없다'고 하는 그 사람을 그 가게에 데리고 가서 납득하게 했다. 이것은 실제로 그 자리에 가서 보면 이해할 수 있는 일이지만, 머리로만 생각하고 있으면 모른다.

따라서 결코 '그럴 리가 없다'라고 부정하지 말 것. 어떤 말을

인간은 무엇 때문에 태어 났는가를 생각해 본다.

들더라도 '그럴지도 모른다. 나도 어디 도전을 해보자'라고 생각
해야 한다. 이것이 '순수함이고 솔직성'인 것이다.

성공의 3조건 중 셋째는 '플러스 발상'이다.

'플러스 발상'이란 무엇인가를 알기 위해서는 제일 먼저, 인간
은 무엇때문에 태어났는가 하는 것을 생각해 볼 일이다. 그러면
인간으로서 태어난 이상, 인간만이 가지고 있는 능력, 인간만이
지니고 있는 특성을 추구하는 것이 얼마나 중요한가 하는 것을
알 수 있다. 이것을 '인간 특성의 추구' 라고 한다.

그러면 인간에게는 어떤 특성이 있는가?

인간에게는 우선 첫째로 사용하면 사용할수록 좋아지는 두뇌
가 있다. 그러므로 이 머리를 좋게 할 것, 될 수 있는대로 머리를
쓸 것, 이것이 인간 특성의 추구 가운데 하나가 된다.

본래 머리가 좋든 나쁘든, 그것은 사용하면 사용할수록 좋아지
는 법인데 그러기 위해서는 역시 공부를 좋아하게 되고, 열심히
노력해야 한다. 모르는 것에 도전하며 모르는 것을 경험하고

그것을 계속 흡수해 가려고 생각할 것. 이것이 첫번째 인간 특성
의 추구가 된다.

6. 인간 특성의 추구와 '플러스 발상'

두번째 인간 특성의 추구는, 이성적으로 사는 것이다. 인간은 이성적(理性的)인 의지, 정동적(情動的)인 의지, 본능적(本能的)인 의지의 세가지로 움직이지만, 인간 이외의 동물은 본능적인 의지와 정동적인 의지로 밖에는 움직이지 않는다. 이성적인 의지를 가진 것은 인간뿐이다.

그러면 이성적인 의지란 무엇인가. 나쁘다고 여겨지는 것을 하지 않고, 좋다고 여겨지는 것을 실행하려고 하는 의지라고 생각하면 된다. 그러나 인간에게는 좋다고 여겨지는 것을 실행하지 못하고, 나쁘다고 여겨지는 것을 좀처럼 멀리하지 못하는 결점이 있다.

이를테면 담배는 피우지 않는 것이 좋다고 생각하고 있더라도 좀처럼 끊지 못하는 사람이 많다. 이것은 이성적으로 살지 못하는 사람의 결점이라고 할 수 있다.

일반적으로 발전하지 못하는 사람은 이성적으로 사는 것이 서투르지만, 발전하는 사람은 이성적으로 살 수가 있다. 이러한 이성적인 삶의 추구가 두번째 인간 특성의 추구이다.

인간에게는 또 하나, 마음 속으로 생각한 것, 입 밖으로 내놓은 말이 실현된다고 하는 특성이 있다. 생각한 것, 입 밖에 내놓은

마이너스 발상과는 단절하고 플러스 발상을 갖도록 ⋯⋯

것이 실현된다고 하면, 될 수 있는대로 좋은 것을 생각하고 좋은 말을 해야 한다.

예컨대 자기의 아이를 붙잡아 놓고, "너는 머리가 나뻐. 너는 글렀어" 하고 끊임없이 말하면, 실제로 그런 아이가 되어버리고 반대로 "너는 머리가 좋아. 정말이지 착한 아이야" 하고 말하고 있으면, 착한 아이로 성장된다.

이처럼 "잘 안될 것이다. 어차피 글렀어" 하고 부정적인 말만을 입밖에 내놓거나 속으로 생각하는 것을 '마이너스 발상'이라고 하고 '반드시 할 수 있다' 하고 멋진 꿈의 실현을 입밖에 내거나 마음 속으로 생각하고 있는 것을 '플러스 발상'이라고 한다. 이러한 '플러스 발상'을 가지는 것도 또한 인간 특성 추구의 하나가 된다.

위의 세가지 조건, 즉 '공부 좋아하기'·'솔직성'·'플러스 발상'이 성공의 3조건이다. 이 3조건을 충족시킬 수만 있다면, 거의 70%는 성공이 틀림없다. 따라서 나는 이 3가지 조건의 터득을

34

약속하도록 고문 의뢰자에게 열심히 설득하는 것이다.

이 성공의 3가지 조건은 인간 특성의 추구와 합치되고 있다는 뜻에서도 가장 천지 자연의 이치에 알맞는다고 이해해 주기 바란다. 후나이식 경영법이란, 결코 그리 어려운 것은 아니다. 이 3가지 조건의 터득이 우선 그 대전제이다.

7. 후나이식 모델 소개법

성공의 3가지 조건이란 천지 자연의 이치에 따른다면 '재수'가 있고, 거슬리면 '제수'가 없다고 하는, 이른바 '행운의 원리'에 바탕한 '후나이식 경영법'의 기본 중의 기본이다.

앞에서도 말한 바와 같이, 이 성공의 3가지 조건을 충족시키는 것만으로 업적 향상은 70% 보증할 수 있고, 대단히 효율도 높다. 이처럼 가장 효율있게 업적 향상에 공헌하는 것이 '후나이식 경영법'인 것이다.

나는 효율을 매우 좋아한다. 인간으로서 태어난 이상, 될 수 있는대로 효율있게 인간성을 향상시키고 싶기 때문이다. 아마도 교육이나 훈련이라는 것은 그 때문에 있다고 해도 좋다.

그래서 나는 가장 효율적으로 업적을 향상시키기 위한 체계를 만든 것인데, 그 첫째 전제가 앞에서 말한 성공의 3조건인 것이다.

그러면 성공의 3조건 터득을 약속하고 나서, 다음에는 어떻게 하는가. 다음은 재수가 좋은 사람, 혹은 재수가 좋은 회사를 소개하는 데에 힘쓰고 있다. 재수 있는 사람, 재수 있는 회사와 어울리면 재수가 좋게 되고, 반대로 재수가 나쁜 사람, 재수가 없는 회사와 어울리면, 재수는 도망치고 말기 때문이다.

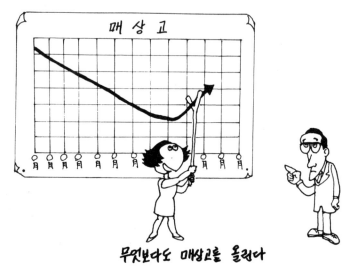

무엇보다도 매상고를 올린다

이처럼 재수가 따르는 사람이나 사물, 회사와 어울리면, 성공률은 더욱 25%정도 증가하게 된다. 앞의 70%와 합쳐서 성공률은 이것으로 합계 95%가 된다. 이것을 '후나이식 모델 소개법'이라고 한다.

그러나 그 의뢰자가 재수와는 너무 동떨어진 상태에 있는 경우에는 재수가 따르는 회사를 소개하기 전에, 우선 그 의뢰자에게 행운이 있는 상태가 될 것을 주문한다. 그것이 선결 문제이다. 왜냐하면 재수가 따르는 사람이나 회사와 어울리게 하려고 생각하더라도, 재수가 따르는 사람이나 회사는 일반적으로 재수가 따르지 않는 사람이나 회사와는 어울리려고 하지 않기 때문이다.

재수가 따르지 않는다고 하는 것은 업적이 나쁘다고 하는 것이다. 이처럼 재수가 뒤따르지 않을 때의 의사 결정은 모든 것이 제대로 되지 않는다. 따라서 그런 경우에는 현재의 업종·업태에서, 현재의 인간에서, 현재의 상품과 현재의 매장 면적에서, 현재의 상태에서 우선 매상고를 즉시 올리도록 하는 것이다. 그래서 전년보다 10％이나 20％일지라도 매상이 오르고, 그것이 몇 달 계속되면, 비로소 재수 있는 상태가 되었다고 해도 된다.

그러면 우선 매상을 즉시 올리려면 어떻게 하는가. 여기서 생각해 낸 노하우가 다음 장에서 말하는 '후나이식 즉시 업적 향상법'이다.

8. 재수가 없을 때의 개선책은 실패한다

앞에서 업적이 좋은 때, 혹은 재수가 따를 때의 방향 설정이나 의사결정은 모두 올바르게 제대로 되지만, 반대로 업적이 나쁠 때, 혹은 재수가 없을 때에 생각하는 것이나 의사 결정은 잘못되는 수가 많다고 말했다. 그 전형적인 예의 하나가 상점가나 소매 점포의 리뉴얼인 것이다.

근래 10여년, 업적이 악화되었다고 하는 이유에서 실시된 리뉴얼(renewal)은 90％ 이상이 실패로 끝나고 있다. 리뉴얼 이전보다도 손님 수가 감소되고 매상이나 이익도 떨어지고, 투자된 만큼 회수도 안되고, 경영 채산상으로도 대적자가 된 케이스가 거의 대부분이라고 할 수 있다.

틀림없이 1970년대, 업적이 악화되었을 때, 최대의 기사회생책으로서, 리뉴얼은 절대적인 효력을 발휘하고 있었다. 그러나 지금은 다르다. 현재는 1970년대와 같은 소비의 확대기와 분명히 다르고, 경쟁격화의 시대이며 소비의 저조기인 것이다. 그런 속에서는 업적이 저하되는 가게나 상점가도 당연히 늘어난다. 이른바 '불운(不運)' 시대라고 해도 좋다.

그럼에도 불구하고, '○○ 백화점의 리뉴얼 성공'이라든가 '리뉴얼 성공으로 △△ 상점가에 다시 손님 발길이 몰린다' 하는

행운이 따르지 않을 때의 의사 결정은 틀리기 쉽다

따위의 매스 커뮤니케이션에서 보도되는 바와 같이 일부 성공 예에 촉발되어 '우리 상점가도' '우리 가게도' 하면서 희망적인 기대를 가지고 업적이 내려간 상태에서 리뉴얼이라고 하는 의사 결정을 해버린다. 이래가지고는 더욱 더 '행운'이 떨어질 뿐이다.

'행운'이 있을 때 하는 것은 재수가 따르고, 행운이 없을 때 색다른 짓을 하면 더욱 더 '재수'없는 일이 축적된다.

따라서 만일 리뉴얼을 한다면, 우선 그 가게의 업적이 전해에 비해 몇십 %라도 올라 있는 상태에서 하지 않으면 안된다.

예컨대, 긴자(銀座)의 마쓰야(松屋)의 리뉴얼이 대성공을 거둔 것은 리뉴얼 이전에 우선 지역 1등 상점을 만들고, 업적을 향상시켜 행운이 따르는 상태에서 여기에 손을 댔기 때문인 것이다.

덧붙여 말하면, 리뉴얼 후 1년 동안의 매출이익금 증가분이 리뉴얼에 대한 투자액보다 많은 경우, 그 리뉴얼은 성공이라고 보아도 좋다. 예컨대 1억엔의 리뉴얼을 투자했을 경우, 리뉴얼 후 1년 동안에 그 전 1년보다도 매출이익금에서 1억엔 이상 증가 되면, 그것은 성공했다고 판단할 수 있다는 것이다.

9. '재수' 있는 것과 어울린다

경영체라는 것은 끊임없이 성장시켜 가지 않으면 안된다. 바꾸어 말하면, 언제나 성장기에 있는 것이 경영체의 이상이다. 그러기 위해서는 끊임없이 변화하는 세상의 움직임에 대응하여 경영체 그 자체도 변화시켜 가지 않으면 안될 것이다. 경영체의 고루함은 그 죽음과 직결되기 때문이다.

그러나 세상의 변화에 적응하기 위한 대책을 세울 때, 잘못된 방향 설정이나 의사 결정은 될 수 있는한 피하지 않으면 안 된다. 그러기 위해서는 경영체를 끊임없이 재수가 따르는 상태로 놓아두는 것이 아무래도 필요하게 된다.

앞에서도 말한 바와 같이, 업적이 신장할 때 혹은 행운이 있을 때 생각하는 방향 설정이나, 의사 결정은 모두 올바르게 제대로 되기 때문이다.

예컨대 소매점으로 말한다면, 지금의 가게, 지금의 종업원과 지금의 상품을 가지고, 우선 전년 대비 110~120% 정도 매상이나 이익을 신장시킬 일이다. 그것이 5개월 이상 계속되면 비로소 재수가 따르는 상태로 되었다고 할 수 있을 것이다. 장래를 위한 의사 결정을 하는 것은 그 다음부터이다.

이처럼 우선 업적을 향상시키고 상태를 좋게 하며, 자신감을

행운이 왔는 사람   같이 와서 다행이다

가질 것, 거기에 '재수의 원리' 포인트가 있다고 해도 좋다. 그
구체적인 방법에 관해서는 다음 장에서 언급하기로 하고, 여기서
는 좀 더 '재수의 원리'에 관해 생각해 보기로 하겠다.

　우선 재수가 따르기 위해서는 재수가 따르는 사람과 사물·회
사 등과 어울리지 않으면 안된다. 이것은 '재수의 원리'의 첫째이
다. 재수있는 것과 어울리면, 거의 틀림없이 자기도 재수가 따르
게 되기 때문이다.

　'끼리끼리 모인다'고 하는 말이 있고 또 '붉은 것과 어울리면
붉어진다'고 하는 속담이 있지만, '재수가 따르는 것과 어울리면
재수가 따르게 된다'고 하는 '재수의 원리'는 이 두 가지 말을
합친 것과 같다고 생각하면 이해하기 쉬울지 모르겠다. 이것을
뒤집어 말하면 '재수가 없는 것과 어울리면 재수가 없게 된다'
고 하는 말도 될 것이다.

　그러면 어째서 재수 있는 것과 어울리면 재수가 따르는 것일
까. 그것은 인간의 의식속에는 무엇이거나 '안타까운 생각이

잠재하고 있기 때문'이라고 할 수 있다. '나에게도 행운이 왔으면 좋겠다,' '나도 저 사람과 같이 되고 싶다,' '나도 그런 상품을 다루고 싶다.'——이런 생각이 재수 있는 것과 어울림으로써 현재화(顯在化) 된다. 또 재수가 따르는 방법도 알게 된다. 결국 마음으로 생각한 것은 실현되는 것이다.

10. 우선 내부의 행운적 요소를 개발하라

　재수가 있기 위해서 재수 있는 사람과 어울리면 좋다고 하는 것이 되면, 곧 간단히 우선 외부의 재수 있는 것과의 교류를 생각하기 쉽다. 그러나 자기에게 '재수'가 없는 경우, 그런 외부의 것과는 동류가 아니기 때문에 어울리기 어렵고, 상대도 '재수'가 없는 것과는 좀처럼 어울리려고 하지 않는다. 재수 있는 것과 어울리고 싶다고 생각할 경우, 문제가 되는 것은 바로 그 점이다.

　그러면 어떻게 하는가. 외부적인 것과의 교류는 뒤로 미루면 되고, 우선 먼저 자기 안에 있는 '재수적인 요소'와 교류하면 되는 것이다. 개인도 좋고 회사나 점포라도 좋다. 전체적으로는 '재수'가 없을 때도 하나씩 부분적으로 보면, '재수'가 있는 것이 많이 있을 것이다. 신장되고 있는 것, 좋아하는 것, 자신감이 있는 것은 대개 '재수'가 좋은 것이다. 그런 뜻에서 말하자면, 자기의 주변에서 '재수'가 있는 것은 얼마든지 발견할 수가 있다. 따라서 우선 그런 것에 힘을 기울이고, 신장시키는 것부터 시작할 것. 소매업의 점두(가게 앞)에다 위치를 바꾸어 놓은 다음에, 재수있는 상품, 신장하고 있는 효율있는 상품과 어울리는 것부터 우선 시작하는 것이다.

　이상하게도 장점이든가 좋아하는 것, 자신감 있는 것은 발전하

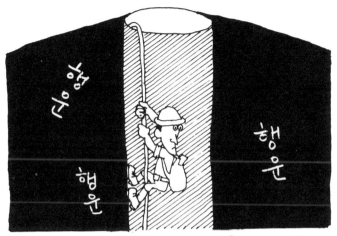

먼저 자기 안에 있는 행운적인 요소를 찾아낸다

고 있는 동안에, 단점이든가 부족한 것은 차츰 사라져 버린다. 아니 그보다도 장점을 계속 발전시킴으로써 부족한 것까지가 플러스의 방향으로 개선되어 간다고나 할까.

　이것은 인간 개개인의 경우에도 그대로 들어맞는다. 누구나 발전하기 위해서는 자기의 결점만을 걱정할 것이 아니라 우선 장점을 신장시키도록 노력해야 할 것이다. 그렇게 함으로써 결점까지도 플러스의 방향으로 끌어 올릴 수 있다.

　이것과는 반대로, 다만 외골수로 결점만을 해소시키려고 일상적으로 힘쓰면 어떻게 될까. 아마도 궁극적으로는 장점마저도 사라져 버릴 것이 틀림없다. 결점이나 장점도 없는 인간, 그것은 성격적으로 두루뭉실한 사람이다.

　상품에서도 마찬가지이다. 전년 대비에서 매상이 떨어진 상품에 대해서는 될 수 있는대로 내버려 두어야 한다. '지난 해 이 상품은 1억엔 정도 팔렸는데, 올해에는 떨어졌다. 그러니 앞으로는 이 상품에 힘을 기울이자'고 하는 의사결정을 흔히 볼 수 있는

것인데, 이런 재수가 없는 상품에 신경쓰게 되면 전체적으로
업적을 저하시킬 뿐이므로, 여력이 없는 한 할 일이 아니다.

11. 전향적으로 대망을 가지고 연구 노력할 것

우선 자기 안에 있는 '재수 있는 것'과 어울리고, 다음에 자기 주변의 '행운의 요소'와 교류를 하면서, 차츰 외부의 재수 있는 것=사람·사물·회사 등과 접촉의 폭을 넓혀 간다. 그렇게 함으로써 '행운'은 또 '행운'을 부르게 되는데, 요컨대 이것이 기본적인 '재수의 원리'이기 때문이다.

물론 이 경우, 처음부터 '나는 재수가 없다'라든가 '재수가 없을 것이다'라고 생각해서는 안된다. 틀림없이 '나에게는 재수가 있다', '있을 것이다'라고 생각해야 한다. 그리고 '스스로 전향적으로 큰 꿈을 가지고 열심히 공부하고 노력할 것. 이것이 '재수의 원리'의 중요 포인트이고 본질이다.

미래에 대해서도 '전향적으로' '큰 꿈을 갖는다'. 우선 이것이 중요하다. 이것은 말하자면 인간의 조건이라고 할 수도 있다. 인간에 있어서 미래의 상실은 인격의 붕괴와도 연결되기 때문이다. 예를들면, 제2차 세계대전 중, 아우슈비츠에 있던 죽음의 수용소에 수용된 바 있는 정신의학자 프랑클은, 뒤에 '자기 자신의 미래를 믿을 수 없었던 사람은 수용소에서 파멸되어 갔다'라고 쓰고 있다. 프랑클에 따르면, 그런 사람들은 어느 날 갑자기 아무 일도 못하게 된다는 것이다. 식사하러 가는 것이나, 병동으

48

로 운반되는 것이나, 화장실에 가는 것도 아무리 부축을 하고 위협하고 매질을 해도 거절하게 되고 스스로의 분뇨를 뒤집어쓰고 자리에 누운 채 산송장이 되고 말았다고 하는 것이다.

아마도 미래를 잃었을 때, 사람은 자기 자신의 현재도 잃어버리는 것인지 모른다. 그런만큼 전향적으로 '큰 꿈을 갖는' 것은 중요하다. 그리고 '열심히 공부하고 노력할 것.' 남보다 더 잘 배우고, 잘 노력한 사람이 결국에는 성공하고 행복하게 되며, 행운이 따르게 된다.

인간의 능력이란 노력에 따라서 육성되는 것이다. 오히려 바로 그것이 인간의 능력이라고 해도 좋을 것이다. 그것은 천재일지라도 예외는 아니다. 천재란 상식의 권화(權化)이다. 그것은 뛰어난 천성적인 소질의 소유자가 아니다. 노벨의학상과 생리학상을 받은 도시네가와 스스미(利根川進)씨가 그것을 증명하고 있다. 발명의 천재 에디슨도 '천재란 99％의 퍼스피레이션(땀)과 1％의 인스피레이션(영감)이다'라고 증언하고 있다. 그리고 그 1％의

인스피레이션 조차도 99％의 퍼스피레이션의 결과로 생겨나는
것이라고 할 수 있다. 노력은 절대로 필요할 것이다.

12. '애정의 원칙'과 '거울의 원칙'

'재수의 원칙'에는 또 하나 '애정으로써 소중히 하면 모여든다'고 하는 본질적인 핵심이 있다. 돈이나 인재, 정보같은 것도 그것들에 대해 강한 애정을 가지고 소중히 해주는 사람에게 모여든다. 이것은 세상의 진리이다. 그러므로 이를테면 돈을 소중히 여기면 돈이 모여 부자가 되고 손님을 소중히 여기면 손님이 모여 들어 장사가 번성한다.

이것은 '소중히 하면 오래 간다'고 하는 룰과도 통하는 것이다. 몸을 소중히 하면 그만큼 오래 살 수 있고, 물건을 소중히 하면, 전기 제품이나 자동차나 만년필일지라도 그만큼 수명이 길어지는 것은 말할나위도 없다.

이상과 같은 룰을 '애정의 원칙'이라고 한다. 또 '거울의 원칙'을 응용한 것이라고 해도 좋다. '거울의 원칙'이란 상대편에 대한 이쪽의 기분이나 행위가 마치 거울에 비추는 것과 같이 상대편에서도 이쪽으로 돌아온다고 하는 원칙을 가리킨다.

예컨대 전화에서 큰 소리로 상대방에게 말하는 수가 있다. 그 순간에 상대방의 목소리도 커져 간다. 그런 것만이 아니다. 칭찬을 하면 칭찬이 돌아오고 괴롭히면 괴롭힘을 당한다. 웃는 얼굴에는 웃는 얼굴로, 매도에는 매도로 대응하겠다고 하는 기분

거울의 원칙

이 우리에게는 있다. 그것이 거울에 비추어 튕겨 오듯이 반응한다. 이것이 '거울의 원칙'이다.

따라서 남이 무엇인가를 해주기를 바란다면, 먼저 자신부터 상대편에게 그것을 해주어야 한다. 반대로 남의 행위가 나에게 싫은 거라면, 남에게도 그런 행위를 하지 말아야 된다.

그러나 모든 것이 '거울의 원칙'대로만 되는 것은 아니다. 아무리 사랑을 고백해도 상대가 외면을 하게 되는 경우가 얼마든지 있다. 거기에 어찌할 수 없는 기량이나 힘의 차이가 있는 것이지만, 그러나 아무리 능력의 차이가 있을지라도 의식적으로는 '거울의 원칙'이 작용하고 있는 것 또한 사실이다.

이상 '재수의 원칙'에 관해서 극히 일부분을 설명해 왔다. 이제까지 보아온 바와 같이, 이것들은 결코 어려운 것은 아니다. 아니, 그보다는 대단히 간단한 일이다. 그것은 모두 '천지 자연의 이치'에 들어맞는다. 세상은 이 천지 자연의 이치에 따라서 참으로 질서정연하게 운영되고 있는 것이며, 따라서 천지 자연의

이치에 들어맞는 일을 하면 재수가 뒤따르고 거슬리는 짓을 하면
재수가 붙지 않는다고 바꾸어 말해도 좋을 것이다.

13. '행운'을 가져 오는 생활방법

여기에서 잠깐 인간의 운명에 관해 생각해 보기로 하자. 일반적으로 자기의 의지로서 어찌할 수 없는 것을 운명이라고 하는 경우가 많은데, 과연 운명은 정말 그런 것일까.

틀림없이 운명이라고 하는 말에는 인간의 의지로서는 어찌할 수 없는, 이겨낼 수 없는 것이라고 하는 뉘앙스가 있다. 대체로 인간은 자기의 의지로서 태어나는 것이 아니므로 본래 탄생때부터 인간은 운명을 짊어지고 있는 것이라고 하는 사람도 있다. 그런 면에서는 틀림없이 그것은 그 말대로인지도 모른다. 그래서 영어에서도 '태어나다'를 be born이라고 수동적으로 표현하는 것인지도 모른다.

그러나 나는 한발 더 나아가서 다음과 같이 묻고 싶다. "인간이 태어나지 않았다면 애당초 의지나 그 어느 것도 생겨날 리가 없지 않은가"라고.

우리는 틀림없이 자신의 의지와는 상관없이 태어났으나, 그렇게 태어나서 자라나는 가운데 자기의 의지도 성장된 것이다. 그리고 그 다음부터 우리가 인생을 어떻게 살아갈 것인가 하는 것은, 자기의 그 의지에 의해 결정되는 것이다.

요컨대 '우리는 우리의 운명을 바꿀 수 있고, 자신의 운명의

행운이 재수를 끌어 당긴다.

지배자는 자기인 것이다'라고 나는 생각하고 있다. 일반적으로 생각되고 있는 운명이란 운명에 지고 운명에 지배당할 때 표현되는 운명이므로, 그런 뜻에서의 운명은 우리가 운명의 지배자가 되었을 때의 운명과는 다른 것이 될 것이다.

운명과 비슷한 말에, 그 머리 하나만을 딴 '운(運)'이라는 말이 있다. '재수'라든가 '찬스(기회)'는 이것에 가깝다. "운(運)도 실력이 있을 때"라고 말한 장기의 14세(世) 명인(名人) 기무라 요시오(木村義雄) 씨의 말이 곧 떠오르는데, 이것은 지당한 말이라고 해도 좋을 것이다.

승부의 세계에서는 '운이 좋아서 이겼다'든가 '진 것은 운이 없었기 때문이다'라는 말을 흔히 하고 있는데, 이 운이란 실력의 표시에 지나지 않는다고 하는 것이다.

'운'을 '재수'라고 바꾸어 보면 분명하다. 아무리 '재수'가 있더라도 실력이 없으면 그것을 살릴 수가 없고 애당초에 '재수'가 있는 것을 깨닫지도 못할 것이다. 요컨대 '재수'란 저쪽에서 저절로 굴러 들어오는 것이 아니고 자기의 실력으로 끌어 당기는 것이라고 말할 수 있다.

그렇다고 할 때, 우리는 공부하고 노력을 통해, 자신에게 실력을 붙여 나가지 않으면 안된다. 그것이 '천지 자연의 이치에 따르는 생활 태도이고, '행운'의 삶 바로 그것이다. 즉, 세상을 위하고, 남에게 혜택을 주는 것을 목표로 하면서 큰 꿈을 가지고 그것을 향하여 최대한의 노력을 기울이며 스스로가 실력을 축적하는 것. 이것이 운명을 개척하고 '행운을 가져 오는 생활 태도'라고 생각한다.

14. '행운'은 인상에 반영된다

'운'이나 '재수'는 전항에서도 말한 바와 같이 저 쪽에서 저절로 굴러 들어오는 것이 아니다. 그것은 스스로가 만드는 것이다. '재수의 원리'에서 말한다면, (1) 우선 재수 있는 상태가 되고, 그러한 상태가 되면 다음에, (2) '행운의 사건'을 만들어 가는 것이 중요하게 된다.

이리하여 재수가 좋고 업적이 향상되어 가면 그 회사나 가게의 경영자는 말할 것도 없고 종업원까지도 ① 인상이 좋아지면서 따뜻하고 밝은 인간성으로 바뀌며, ② 긍정적이 되고, ③ 사람을 끌어당기게 되어 손님이 늘고, ④ 감사하는 마음에서 부드러운 분위기가 나타나게 된다.

반대로 업적이 나쁘면 인상이 나빠지고 부정적이 되어 차가운 분위기가 되지 않을 수 없다. 요컨대 '행운'의 유무가 인상에 반영되는 것이다. 그런 뜻에서 '운'이나 '재수'도 스스로 만드는 깃과 마찬가지로 얼굴이나 태도도 스스로가 만드는 것이라고 하는 것을 이해하게 될 것이다.

셰익스피어 작품에 〈공연한 소동〉이라고 하는 희곡이 있다. 그 가운데, 교양이 있다는 것을 과시하고 싶어하는 한 인물이 '얼굴이 잘 생기고 못 생긴 것은 경우에 따라 다르지만, 읽고

행운은 연상에 나타난다.

쓰기를 할 수 있느냐 없느냐 하는 것은 타고나는 것이다' 하고 자랑스럽게 떠들어 대는 대사가 있다. 물론 '얼굴이 잘 생기고 못 생긴 것은 타고나는 것이지만, 읽고 쓰기를 할 수 있느냐 없느냐 하는 것은 경우에 따른다'고 해야 할 말을 뒤집어 한 것임은 말할나위도 없다.

그러나 이 등장 인물은 정말 말을 잘못한 것일까. 혹은 농담이 진담이 된다고 하는 말도 있다. 어쨌던 이 인물의 대사 앞 부분은 오히려 진리를 말한 것이라고 해도 좋을 것이다. 다만 여기서 말하는 '경우'를 인간이 태어나서 자라나는 수동적인 환경으로서 파악하는 것이 아니라, 스스로 개척하고 만들어 가는 경우로서 파악할 때 이야기이다.

'재수가 있다'라든가 '재수가 없다'고 하는 상태는 틀림없이 주위에 전파된다. 그리고 그것은 사람의 인상에도 반영된다. 특히 인간은 '나쁜 행운'을 좀처럼 제 스스로의 힘으로 끊어버리지 못한다. 그리고 업적이 떨어진다 → 자신이 없어진다 → 부정적이 된다 → 인상이 나빠진다 → 분위기가 나빠진다 → 손님이 끊어진다 → 재수가 더욱 더 나빠진다 → 업적이 더욱 더 악화된다고 하는 악순환에 빠져 들어간다.

그러나 이 악순환은 무슨 일이 있어도 끊어 버리지 않으면 안된다. 이것과 단절되어 '행운'이 되돌아 왔을 때, 인간의 얼굴은 밝아진다. "마흔살이 넘으면 제 얼굴에 책임을 져라"고 말한 링컨의 주장은, 그와 같은 인간 노력의 당위성과 관계가 깊다고 할 수 있다.

15. '행운'의 관리

'행운'이 없는 사람은 최소한 '행운'이 찾아오도록 노력하지 않으면 안된다. '재수'나 '운'은 몇 번이나 거듭 말했듯이 스스로가 만들 수 있는 것이다. 그러나 노력 끝에 얻은 '재수'도 실수하면 간단히 떨어져 나간다. 그러므로 어렵게 얻은 '행운'이 떨어져 나가면 안되고 없어져도 안된다.

그러면 '재수'나 '운'은 어떻게 하면 유지될 수 있을까. 이 '행운'을 유지하는 방법을 '행운 관리'라고 한다. 지금 발전하고 있는 회사들은 저마다 이 '행운관리'에 온 힘을 쏟고 있다고 해도 틀림없다. 구체적인 예를 들어 보겠다.

한 예로서 '더스킨'이라고 하는 회사가 있다. 이 회사의 경영 방침은 '손해와 이득의 길이 있다면 손해의 길을 걷겠다'고 하는 것인데, 여기서 말하는 '손해'의 길이란 '우선 남을 이롭게 하고 그것에 의해 돌아오는 덕을 받는다'고 하는 생각에서 성립되어 있다. 이것이야말로 '행운의 조건'을 유지시켜 주는 것이라고 할 수 있다.

그뿐만이 아니다. 이 회사에서는 모든 사원이 《반야심경》을 같이 암송함으로써 그날 그날 올바른 생활을 했는지 어떤지를 반성하고 회사의 업무=세상을 위한 봉사에 매진하는 마음을

행운을 꽉 잡을 것.

매일 새롭게 다지고 있다. 현실의 허무를 철저하게 실감함으로써 (色卽是空), 현실에서 사는 가치와 의의를 충분히 자각할 수 있다(空卽是色)는 이것을 암송함으로써 인간은 최고의 지혜에 가까워질 수 있다고 하는 것이 《반야심경》의 가르침인데, 이것을 보면, 이 회사의 '행운의 관리'는 완벽하다고 할 수 있다.

또 TM(transcendental meditation)＝인도의 마하리시가 체계화한 '초월 명상'을 '행운의 관리'에 활용하고 있는 회사도 많다.

예컨대 파격적인 급성장으로 화제가 되고 있는 대형 디스카운터 소매업인 '손 아이월드'나 전 사원이 화기애애한 가운데 업적을 발전시키고 있는 '시마다 패션그룹' 등이 그것이다.

21세기를 향해 정신면에서 최대의 테크놀로지라고 평가받고 있는 TM은 종교와 관계없이 모든 명상법을 과학적으로 통합, 단시간에 편하게 누구나 실행할 수 있는 방법인데, 현실적으로 이 TM의 실시에 의해 스트레스가 제거되고, 어깨 결림이나 피로도 멋지게 사라지게 되므로 주목되고 있다. '천지의 이치'도 쉽게 알 수 있으므로 TM의 실시는 그대로 '행운의 관리'와 연결된다.

어쨌거나 이렇게 해서 끊임없이 업적을 향상시켜 가는 것이
산업계에서는 최고의 '행운의 관리'로 각광받고 있는 듯하다.

16. 재수 있는 사람의 특성(1)

이제까지 '행운의 관리'에 관해 어느 정도 설명하였는데 충분하게 전했다고는 할 수 없으나, 그것이 어떤 것인지, 다소는 이해했으리라고 생각한다.

부족한 부분은 앞으로 기회 있을 때마다 보완하도록 하겠지만, 어쨌든 우리는 '재수의 원리'를 알고 스스로 그것을 실행함으로서 재수가 따르게 하지 않으면 안된다. 다행스러운 일들을 만들고 이것을 계속 잘 관리해 나가지 않으면 안된다.

이제까지 이야기해 온 것으로도 알 수 있듯이, 재수가 따르게 하기 위해서는 결국은 자기의 마음을 수양해 나갈 필요가 있을 것이다. 마음을 닦으면서 '행운이 찾아오는 인간으로 자기 자신을 변화시켜 간다. 그것이 우선 중요하다.

그러면 어떤 인간이 '행운'의 인간일까. 여기에 관해 설명하지 않으면 안 되는데, 재수 있는 사람의 특성에 관해서 말한다는 것은 그 자체가 '재수의 원리'와 설명이 겹쳐질 것이다. 재수 있는 사람이란, 일반적으로 다음과 같은 타입의 인간을 말한다.

(1) 세상 만사를 좋게 생각하고 좋은 일, 혹은 좋아질 일을 상상하며 발상할 수 있고, 끊임없이 자기는 행운아(幸運兒)다 라고 생각할 수 있는 타입의 '플러스 발상형 인간'.

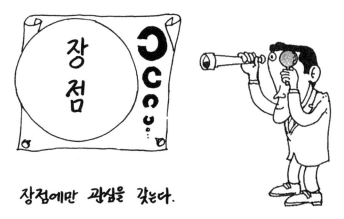

장점에만 관심을 갖는다.

(2) 어떤 것일지라도 순수하게 받아들이고, 과거의 경험이나 지식만으로 사물을 결정하거나 부정하거나 하지 않는 솔직하고 긍정적인 인간.

(3) 새로운 미지의 분야에 도전하고 그것을 아는 것을 좋아하며, 연구와 도전하기를 좋아하며, 매우 의욕적인 인간.

(4) 겸허하고 누구에 대해서나 과시하지 않으며, 차별 의식이 없고, 항상 명랑한 모습의 '겸손한 인간'.

(5) 남의 단점에 눈을 주지 않는 대신에 장점이 곧 눈에 들어오고 더구나 남이나 자신의 장점을 신장시키는 데에 전력을 다하는 '장점 신장형 인간'.

재수 있는 타입에는 그 밖에 아직 많이 있으나, 그것들에 관한 기술은 다음 항으로 미루기로 하고 여기서는 지금 말한 '장점 신장형 인간'에 관해서 약간 설명을 추가하는 것으로 그친다.

일반적으로 인간은 결점을 지적하면 화를 내는 법이다. 화를 내면 결점은 좀처럼 고쳐지지 않는다. 따라서 결점만을 지적하는 것은 결코 좋은 방법이라고 할 수 없다. 인간은 누구나 장점을 가지고 있다. 그 장점을 우선 칭찬하면서 발전시켜야 된다. 결점

을 지적하여 고치려고 하면, 먼저 장점을 세가지 정도 칭찬하고
나서 결점을 한가지만 지적해 주면 좋다. 이때 '그것만 없다면
참 좋겠는데 ……'라는 부드러운 말투를 사용한다. 그러면 장점
은 더욱 더 발전되고 결점은 사라져 간다. 장점을 신장시킨다
는 것은 이와 같은 것이다.

17. 재수 있는 사람의 특성(2)

전 항에 이어서 재수 있는 사람의 특성에 관해 좀 더 이야기를 계속하겠다. 다음과 같은 타입의 사람도 '행운'을 가져오기 쉽다.

(6) 남에게 맡길 것은 맡기지만, 책임은 스스로가 지고 자기 희생적이며, 남에게 의존하지 않으며, 원칙적으로 스스로가 자기를 돕는 '자조형(自助型) 인간.'

(7) 참는 것을 괴롭게 여기지 않고 기꺼이 고생을 하며 또 목표를 세우면 달성할 때까지 좌절하지 않고 집념을 가지고 이에 임하는 '인내와 집념이 강한 인간'.

(8) 언제나 거시적(巨視的)이며 균형잡힌 판단을 할 수 있고 감정이 안정되어 자기 통제심이 강하며, 실행력이 투철한 '착실, 균형적 안정인간'.

(9) 20대 까지는 적극적으로 살고, 30대부터 40대 전반까지는 적극성과 승부욕이 혼합된 스타일로 살고, 40대 후반 이후는 적극적이며 승부욕이 강한 타입인 '적극성·승부욕·동정심의 인간'.

(10) 통제나 관리를 매우 싫어하고 자유를 사랑하지만, 약속한 것이나 질서 유지를 위해서 필요하다고 판단되는 것은 반드시

재수 없는 불운한 사람

지키는 높은 교양형의 '질서 유지형 자유인'.

행운의 사람이란 대체로 이상과 같은 특성을 가지고 있는 것인데, 이런 특성은 마음 먹기에 따라서 혹은 마음의 수양에 따라 자기의 것으로 정착되어 가는 것이다.

그러면 재수가 없는 불운한 사람이란 어떤 타입의 사람인가. 그것은 재수 있는 사람과는 반대적인 특성을 많이 가지고 있는 사람이라고 바꾸어 말할 수 있을 것이다. 즉 ① 마이너스 발상형 인간 ② 부정·비판형 인간 ③ 보수적인 태만형 인간 ④ 오만하고 불손한 인간 ⑤ 단점을 개선하지 않는 인간 ⑥ 타인 의존형 인간 ⑦ 단념형 인간 ⑧ 정서 불안정, 얕은 생각의 인간 ⑨ 허약하고 도피형 인간 ⑩ 보호와 제약 기대형 인간이라고 할 수 있다.

이상, 재수있는 사람의 특성과 재수 없는 사람의 특성을 보았는데, 그 가운데는 본질적인 '재수의 원리'가 간직되어 있다. 우리들은 될 수 있는대로 재수 없는 사람의 특성을 버리고 행운의 특성을 획득하도록 노력하지 않으면 안된다. 그러기 위해서는 천지 자연의 이치에 따른 삶을 살아야 한다. 재수 있는 사람의 특성을 가지도록 노력하는 것이 곧 천지 자연의 이치에 따르는 삶이라고 말해도 좋다. 재수 있는 사람의 특성은 행운의 조건 그 자체이고 재수 없는 사람의 특성은 불행한 조건 자체인 것이다.

제 2 장

후나이식
즉시 업적 향상 법

18. 즉시 업적 향상법이란?

천지 자연의 이치에 들어맞게 행동을 하면 재수가 있고 거슬리는 짓을 하면 재수가 없어지게 된다. 이것은 이미 앞장에서도 거듭 말한 적이 있다. 이것은 기본적인 '재수의 원리'가 되는 생각이라고 할 수 있다.

이것을 경영에서 더욱 구체적으로 활용한다면 어떻게 될까.

경영체가 살아남고 발전을 계속하기 위해서는 세상의 변화에 적응하지 않으면 안된다. 그러기 위한 대책을 세울 때, 잘못된 의사결정은 될 수 있는대로 피하지 않으면 안되지만, 이때 경영체를 항상 재수가 있는 상태로 유지해 둘 필요가 있다. 업적을 계속적으로 향상시키는 것이라고 말할 수도 있다. 재수가 따를 때, 혹은 업적이 계속 향상되고 있을 때의 의사 결정은 모두가 잘 되기 때문이다. 재수가 따를 때 하는 것은 모두 재수가 있는 법이다.

반대로 업적이 나쁠 때의 발상이나 의사 결정에는 잘못이나 실패가 많다. 재수가 없을 때, 무엇인가 색다른 짓을 하면 당연히 보다 더 재수가 없게 될 것이다. 앞에서, 업적이 악화되었을 때 그 개선책으로서 강행하는 백화점 등의 리뉴얼 대부분이 도리어 업적을 악화시켜 실패로 끝나게 될 것이라고 말한 것은 그 때문

행운의 원리에서 만들어진 즉시업적향상법

이다.

우리는 우선 현재의 업종이나 업태로서, 혹은 현재 있는 상품·가게·종업원을 가지고, 급히 업적을 올릴 것을 생각하지 않으면 안된다. 그리고 전년에 비해 100~120% 정도까지 매상이나 이익도 올리는 것이다. 이것이 반년 이상 계속되면, 겨우 본 궤도에 오르는 것이 될 것이다.

그렇게 되면 재수가 따른 상태가 되었다고 할 수 있고, 자신감도 갖게 된다. 그렇게 되었을 때, 비로소 장래의 방향 설정을 생각하고, 의사결정을 하는 것이다. 이것이 방법으로서는 옳다. 재수가 따른 상태에서 생각하는 것은 객관적이고 정확한 의사결정이 될 수 있기 때문이다.

따라서 경영체의 현재 업적이 나쁜 경우에는 현재의 상태, 종전의 취급상품 등으로 우선 업적을 향상시키는 것이 당면된 문제이다.

그러면 현재의 취급 품목과 가게, 판매원 등으로 어떻게 하면 우선 업적을 향상시킬 수가 있을까.

우리는 우선 '재수의 원리'를 알지 않으면 안된다. 예컨대 "행운이 따르는 주위나 환경과 어울리면 재수가 붙는다"고 하는 것도 그 하나이다. 즉시 업적 향상법이란 이러한 '재수의 원리'를 기본으로 하여 생겨난 경영의 노하우인 것이다.

19. 발전하고 있는 것을 더욱 향상시켜라

　즉시 업적 향상법으로서 가장 중요한 것은 '발전하고 있는 것을 더욱 향상시킨다'고 하는 극히 단순한 방법이다. 이것이 '재수가 따른' 사람이나 환경과 어울리면 재수가 따르고 '재수가 없는' 것과 어울리면 재수가 따르지 않게 된다고 하는 '재수의 원리'에서 나온 방법이라는 것은 말할나위도 없다.

　이것을 소매업의 점두(가게 앞) 판매와 비교해서 좀 더 구체적으로 살펴보자.

　아무리 업적이 떨어져 있는 점포일지라도 품목별로 통계를 내보면 알 수 있듯이, 취급 품목 전부가 판매 부진한 것은 아니다. 그 가운데에는 전년에 비해 130% 이상 매상이 신장된 몇가지 품목은 반드시 있는 법이다.

　이러한 상품들은 점포 전체가 매상이 떨어져 있는 가운데서 신장된 것이기 때문에 꽤 상품력이 있거나 시류를 타고 있는 '행운의' 상품이라고 할 수 있다.

　그래서 품목별로 전년에 비해 130% 이상 증가된 상품에 대해서는 즉시 매장 면적을 현재의 1.2배로, 점두 재고를 1.5배로 늘려 보기 바란다. 그 상품의 매상고는 3개월이 지나면 아마도 전년에 비해 2배 정도 신장될 것이다.

인기 있는 상품은
더욱 더 개발하고 재수 없는 상품은 빨리 정리한다.

  이러한 '행운의' 상품은 매장이나 재고를 늘려도 결코 로스는 발생하지 않고 오히려 매장이나 재고를 늘린 이상으로 매상이 오르며 이익도 증가하는 법이다.

  그러나 일반적으로는 이와 반대로 발상하는 사람이 적지 않다. 전년에 비해 매상이 떨어져 있는 상품에 대해 우선 매상고를 회복시키려고 노력하기 쉽다.

  전년도에 비해 10% 이상 매상이 떨어져 있는 상품은 '재수없는' 상품이다. 이런 상품에 대하여는, 아무리 애써도 노력이 헛수고로 돌아가고 오히려 전체적으로 업적을 악화시킬 뿐인 것이다. 따라서 자기에게 저축된 힘과 여유가 없는 한, 이러한 '재수없는' 상품에 대해서는 될 수 있는대로 방치해 두는 것이 현명하다. 특히 '재수가 나쁜' 때는 아무데나 무조건 노력하는 것이 아니다. 후에 전체적으로 좋아지면 '재수 없는' 상품도 하는 수 없이 좋아지게 되는 법이다.

　이처럼 자기 주위에서 발전되고 있는 것은 더욱 향상시키고, '재수 없는' 상품과는 동조하지 말 것. 이 단순하고도 명쾌한 방법이야말로 즉시 업적 향상법의 으뜸이라고 이해하기 바란다.

20. 자신감이 있는 것을 더욱 신장시킨다

'신장하고 있는 것을 더욱 향상시킨다'고 하는 것과 관련시켜 '신장할 가능성이 있는 것을 향상시킨다'고 하는 점에 관해서도 보충적으로 잠깐 언급하지 않을 수 없다.

'신장할 가능성이 있다는 것'이란 무엇인가. 여기에는 두가지의 뜻이 있다. 마켓(판로)은 있으나 아직 별로 취급해 본적이 없고 따라서 크게 자신있다고는 말할 수 없는 상품군(商品群)이라는 것이 하나. 다른 하나는, 신장하고 있는 상품과 대단히 가까운 곳에 있으면서, 아직 손을 대지 않은 상품군이라고 하는 뜻이다. 말하자면 '행운'은 눈 앞에 있지만, 스스로의 역부족으로 아직 그 '행운'에 손을 내밀 수 없는 상태에 있는, 그런 상품 품목을 가리킨다. 이것들에 대해서도 '신장하고 있는 것'을 발전시켜 자신감을 가지면서 상세히 조사하고 더욱 철저하게 발전시켜 볼 필요가 있을 것이다.

그런데, 즉시 업적 향상법의 둘째는 '자신감 있는 것을 발전시킨다'고 하는 것이다.

자신감이 없는 것은 발전시키려고 노력해도 신장되는 것이 아니다. 본래 '글렀다'고 생각하는 것은 실제로 잘못되고 만다고 하는 것이 '재수의 원리'이다. 일반적으로 자신감이 없는 것을

**자신감이 있는 상품을
더욱 개발한다.**

해도 성공하지 못하는 확률이 높다고 하는 것은 그 때문이다.

자신감은 경험에서 나오는 수도 많지만, 아무리 실무적인 경험이 있다고 하더라도 현실적으로 불운한 처지에만 있으면 자신감이 붙지 않는다. 그런 뜻에서는 경쟁에서 이겨왔다고 하는 긍지와 그 뒷받침이 되는 능력만이 자신감을 만드는 것이라고 할 수 있다.

이를테면 고급품에서 저급품까지 물품 구비가 잘 되어 있는 것, 혹은 서비스가 좋다는 것 등은 경쟁을 이기기 위한 조건이 된다는 뜻에서 경쟁력의 뒷받침이 된다.

그 경쟁력을 유지하려고 생각한다면, 그것을 위해 철저하게 노력해야 한다. 인간은 체질에 맞지 않는 것에 능숙하지 못하다. 좋아하는 것이 아니면 숙달되지도 않고 흥미도 가질 수 없다. 반대로 잘 하는 것, 좋아하는 것에는 더욱 더 정열이 불타오르고 숙달의 정도도 빨라진다. 그것이 자신감이나 능력과 결부되어 간다고도 말할 수 있다. 그런 점에서 자신감은 자기 스스로가 성장 발전시킬 수 있는 것이다.

따라서, 이를테면 판매원도 자기가 팔고 싶은 것, 좋다고 생각하는 것을 팔게 하는 것이 좋다. 그것은 책임과도 이어지고 자조적(自助的)인 정신을 양성한다. 요컨대 '호감을 갖는 것'이 역량을 유지시키고, 자신감을 만든다고 하는 것이다. 자신감이란 것은 '행운'을 가져오는 것이다.

21. 효율적인 것을 더욱 발전시킨다

즉시 업적 향상법의 셋째는 '효율적인 것을 더욱 발전시킨다'
고 하는 것이다. 이것도 또한 '재수가 있는 것' 혹은 '행운을 가져
오는' 것이기 때문이다.

나는 효율이 탁월한 것을 매우 좋아한다. 무슨 일을 하거나
효율이 나쁜 것보다는 효율이 좋게 나타나는 것이 좋고 태어난
이상, 될 수 있는대로 효과적으로 인간성을 향상시키는 것이
좋다. 이것이 아마도 인간이 태어난 이유의 하나가 아닐까. 본시
후나이식 경영법 자체도 이렇게 하면 가장 효율이 오른다고 하는
노하우라고 생각하면 틀림없다.

그런데 '효율적인 것을 더욱 신장시킨다'고 하는 것은, 소매업
의 점두(가게 앞) 판매로 볼 때, 효율이 좋은 상품과 어울릴 것,
즉 효율이 좋은 상품의 매장이나 재고를 늘린다고 하는 것이다.
이것이 또한 업적 향상과 직접적으로 연결된다.

그러면 효율이 좋은 상품이란 어떤 상품을 말하는 것일까.

첫째로, 단위 면적당의 매상고가 매우 높은 상품을 가리킨다.

둘째로, 매상 이익금이나 혹은 매상 이익률이 매우 높은 수준
의 상품도 효율이 좋다. 이같은 상품은 당연히 투매품(投賣品)
도 아니고 가격도 잘 알려져 있기 때문에 나름대로 강한 상품이

① 단위 면적당 매상고가 많다.
② 매출이익금, 매상 이익률이 매우 높다.
③ 분기말에 재고가 없다.
④ 판매 담당 한사람의 매상고, 매출 이익금이 높다.
⑤ 이상과 같은 여러가지 조건을 갖출 것.

효과적인 것을 개발하여 더욱 발전시킨다

라고 할 수 있는 것이다.

한편, 이러한 효율의 성과를 식별하는 데에는 물론 그만한 수치 관리가 되어 있지 않으면 안된다. 그것은 작은 점포라면 컴퓨터를 사용할 것까지도 없고 손 계산으로도 충분히 할 수 있는 것이다.

셋째로, 예컨대 계절(季節)을 타는 상품이라면, 분기말에 재고를 남기지 않고 깨끗이 팔아 버리는 상품도 효율이 좋다고 할 수 있다. 그 점에서 애써 잘 판매해도 재고가 많은 상품이라면 효율이 좋다고 할 수는 없을 것이다. 요컨대 단위 면적당의 매상고가 아무리 많고 혹은 매출 이익율이 아무리 높더라도 팔다 남은 상품이 많으면 아무 소용이 없다.

넷째로, 판매담당 한 사람의 매상고, 매출 이익금이 높은 상품도 효율이 좋다. 반대로 보면, 이것이 낮은 상품은 매우 취급하기 힘든 상품군이라고 할 수 있고, 경쟁력이 없는 상품이라고 할 수 있다.

　다섯째로, 이제까지 보아온 첫째에서 넷째까지의 조건을 모두
갖춘 상품은 가장 효율이 좋다. 그러므로 이같은 상품을 빨리
찾아낸 다음, 그것을 계속 발전시켜 가는 것이 즉시 업적 향상법
의 하나인 것이다.

22. 1등 상품을 가져라

즉시 업적 향상법의 네번째는 '1등 상품을 갖는다'고 하는 것이다. 1등 상품이라고 하는 것은 구비된 품질이 으뜸이라고 하는 것, 좀 더 구체적으로 말하면 품목별로 상권 내에서 가장 좋은 1등 품질의 상품을 갖추는 것이라고 생각하면 된다.

특히 불특정 고객을 주대상으로 하는 점두(가게 앞) 판매만을 하는 기업형 경영의 점포는 상권 내에서 종합 1등점이 되든가, 품목별로 가장 품질이 좋은 상품을 가지고 있지 않으면 지금 경영 채산이 맞지 않게 되어 있다고 하는 것이 실상이다.

1등 상품이 없으면 경영은 대단히 어렵고 안정되기 힘들다. 기업의 존속조차도 위험할 정도이다.

그럼에도 불구하고 1등 상품을 갖는 것이 이익을 낳는 핵심이고 손님 지향의 최대의 결정적인 수단이라고 하는 것을 간과하고 있는 사람이 뜻밖에도 많다. 손님은 상품을 사기 위한 목적으로 소매점에 간다고 하는 것, 손님은 1등 상품이 있는 가게에 끌리기 쉽다는 것을 소매점 경영자는 재인식하지 않으면 안될 것이다.

그런 뜻에서 나는 1등 상품을 가질 것, 혹은 상권 내에서 종합적인 1등 점포가 되는 것을 마케팅의 기본원리로서 생각하고 있

우선, 주위에 있는 1등
상품을 발견할 것

다. 거듭말하지만, 1등 상품이 하나라도 있으면 손님이 찾아오게 되고 장사가 번성하여 이익을 내게 되는 것과 달리, 둘째 이하의 상품을 아무리 갖추더라도, 특히 현재와 같은 경쟁이 심한 시대에서는 경영 성과가 거의 오르지 않기 때문이다.

현재 업적이 나쁜 점포라고 하는 것은 이 1등 상품이 하나도 없는 가게라고 보아도 좋을 것이다. 혹은 있더라도 그것을 고객들이 모르거나 느끼지 못한 가게라고 할 수도 있을 것이다. 물론 1등 상품은 하나보다도 둘, 둘보다도 셋으로 될 수 있는대로 많을수록 나쁠 것은 없다. 그러나 현재 그것을 하나도 갖지 못한 가게는 우선 서둘러서 1등 상품을 하나 만들고 업적 향상을 위한 발판을 쌓아야 한다.

흔히 '우리는 작은 가게이기 때문에 1등 상품 따위를 가질 수가 없다'고 단념하고 있는 소매점 경영자가 있는데, 그것은 경솔하다고 할 수 있다. 이 경우, 작은 상권이라고 하는 최소의 지역에서도 단일품 레벨로 1등 상품이라고 하는 것을 생각할 수 있다. 그 점에서 생각하면 반드시 으뜸이 될 상품은 발견될 것이다. 소상권이나 단일품에서도 1등 상품이 없는 것보다는 있는 것이 바람직 하다.

교외형(郊外型)의 점포에서도 신사복·구두·장난감·책 등의 단일 품목들이 성공하고 있는 케이스를 흔히 볼 수 있는데, 이것도 취급 물건에 있어서는 상권 내에서 가장 좋은 품질을 갖춘 으뜸 가게이기 때문이라고 할 수 있다.

23. 우선 한 상품만으로 압도적으로 이길 것

본래 마케팅이라고 하는 것은 자기의 힘에 어울리게 1등이 될 수 있는 상품과 상권, 그리고 고객층을 기본적으로 갖지 않으면 안된다. 그것이 1등 만들기의 원점이며 출발점이다. 따라서 능력이 있으면 1등 상품을 보다 많이 가질 것, 그리고 보다 큰 상권에서 보다 많은 손님을 대상으로 판매를 촉진하는 것이다. 그것이 경쟁에서 이기는 최선의 방법이 될 것이다.

장사를 하는 이상 될 수 있는대로 매스 메리트를 추구해 간다고 하는 것이 본질적인 핵심이다. 될 수 있는한 자기가 능력을 가지려고 하는 것은 바로 그 때문이다. 즉 능력이 있으면, 그만큼 보다 큰 상권에서 보다 많은 손님을 상대로 보다 종합화된 상품을 으뜸이라고 하는 조건을 충족시키면서 다룰 수가 있고 매스 메리트의 추구가 가능하게 되기 때문이다.

그러나 자신에게 힘이 없는 경우에는 그렇게 되지 않는다. 1등 상품이 없으면 업적이 계속 저하되고 살아 남을 수 없게 되기 때문에 1등은 무슨 수를 써서라도 만들어 가지 않으면 안되는 것인데 그 경우 힘이 없으면 상품을 세그먼트하거나 상권을 좁히거나 손님층을 죄는 수밖에 없게 된다.

이런 1등은 같은 1등일지라도 비교적 가치가 없는 1등이라고

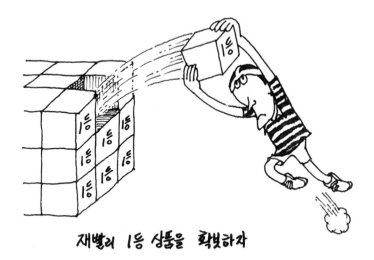

재빨리 1등 상품을 확보하자

할 수 있다. 그러나 없는 것보다는 낫다. 또 이처럼 죄어가면 반드시 1등이 될 가능성 있는 상품은 발견되기에 이르는 법이다. 현재 슈퍼마켓은 보통 1만 수천 아이템, 컴비니언스 스토어조차도 3천 수백 아이템을 가지고 있다. 그러한 것들을 모두 비교해 가면, 어떤 가게일지라도 지역 1등이 될 수 있는 상품은 발견될 것이다. 그것은 경쟁 상대가 힘을 기울이지 않는 상품일런지도 모른다. 혹은 수요가 적은 상품일지도 모른다. 그러나 우선 그런 것으로 압도적으로 승리하여 으뜸이 되도록 한다. 그리고 자신감과 힘을 키워서 그러한 1등을 착실하게 쌓아간다. 요컨대 1등 상품을 하나에서 둘, 둘에서 셋으로 늘려가는 것이다.

그 경우, 최초에 만든 1등 상품과 관련성이 높은 상품에서 제2, 제3의 1등 후보를 발견해 가는 것이 좋다. 상품과 관련이 있으면 당연히 손님과의 관련도 생겨나는 법인데 그것은 손님의 고정화와도 연결된다.

될 수 있는대로 매스 메리트를 추구해 가는 것은 절대로 필요
하지만, 1등 상품이 하나도 없다면 어찌할 수 없다. 우선 서둘러
서 1등 상품을 만드는 데에 노력하도록 해야 한다.

24. 거래처와의 관계를 전면적으로 밀착화 한다

1등 상품을 만들려고 생각해도 혹은 팔릴 만한 상품을 아무리 많이 갖추려고 생각해도 구매처와의 사이에 친밀성이 결여되어 있다면 제대로 되지 않는다. 따라서 업적을 올리기 위해서는 구매처와의 관계를 전면적으로 밀착화 해 두는 것이 아무래도 필요하게 된다.

일반적으로 도매상이나 메이커에서는 거래처인 소매점을 주력 (注力), 준주력(準注力), 기타라고 하는 3가지 랭크(rank)로 나누어 평가하고 있는 수가 많다. 주력에는 팔리는 것을 최우선으로 공급해 주고 준주력에는 나갈 만한 것을 우선적으로 유리한 가격에 대준다. 소매점으로서는 될 수 있는대로 구매처로부터 주력의 거래처로 인정받을 필요가 있다.

그러면 어떻게 하면 주력으로서의 대우를 받을 수 있게 될까. 그것은 반드시 많이 구입하고 있다는 관계에서만 생기는 것은 아니다. 거기에는 심리적인 요소도 상당히 첨가되고 있다.

구매처에서 본 경우, 이를테면 자기 업체와 같이 메인(주요) 거래처로서 인정하고 있을 때는 아무래도 팔릴 가능성이 많은 상품을 공급해 주려고 하는 것이 인정이란 것이다. 혹은 구매에 대한 열정이 구매처의 마음을 사로잡는 경우도 있을 것이다.

반대로 아무리 주문을 많이 해오더라도 좋은 상품을 별로 공급해 주고 싶지 않다고 하는 거래처도 있을 수 있다.

첫째로, 자기도 벌고 남도 이익을 남기를 바라는 것이 아니라, 자기만의 이익을 추구하며 구매처를 괴롭히거나 섭섭하게 하는 가게와는 될 수 있는대로 거래하려고 하지 않을 것이고 또 '재수의 원리'에서 말하더라도, '재수' 없는 가게, '불운'한 가게와는 별로 거래하고 싶지 않다고 하는 것이 구매처의 속마음일 것이라고 생각한다.

예를 들어, 지금 구매처를 괴롭혀서 이익을 올리고 있는 양판점이 많은데, 이것은 일시적으로 무리가 통하더라도 반드시 장래에는 화근을 남기고 보복을 당하게 된다.

역시 점포는 손님을 위해서 있다고 하는 장사의 원리를 잊지 말아야 한다. 손님이 가장 기뻐하는 가게를 만든 기업이나 상점이 가장 번성한다. 그러기 위해서는 메이커나 도매상과 잘 어울리지 않으면 안되고 그렇게 함으로써 구매처로 부터도 가장 좋은 상품을 공급받지 않으면 안되는 것이다.

그러기 위해서는 소매점의 사장과 구매처의 사장과의 강력한 유대 관계도 필요한 것이다. 톱 끼리의 대화가 가장 효과적인 지름길인지도 모른다. 어쨌든 거래처와의 전면적인 밀착화는 지금 무엇보다도 필요하다.

25. 압축 부가법을 실시해 보자

점두(店頭)를 끊임없이 팔리는 상품으로 채워 놓으면 당연히 효율도 오르고, 매상과 이익도 오르게 된다. 그러나 그 경우, 구매처로부터 다만 잘 팔리는 상품만을 대주면 그것으로 끝나는 것은 아니다. 가게 쪽에서는 그것을 받아 들이는 체제 조성, 혹은 매장 조성도 당연히 필요하게 될 것이다. 이를테면, 팔리는 고품질 상품의 진열 방법이 필요하게 되는 것인데 가장 효과적인 방법으로서 지금 주목되고 있는 것이 압축 부가법(壓縮附加法)이다.

이것은 업적을 더 한층 향상시키기 위해 필요한 노하우는 아니다. 성적이 악화되고 '재수'가 없을 때, 다시 '재수 있는 상태'를 되찾기 위해서는 특히 없어서는 안될 필요한 방법인 것이다.

이 방법이 좋은 점은 점포의 리뉴얼 등과는 달리, 현상태에서 곧 착수할 수 있다고 하는 점이다. 요컨대 상품도 바꾸지 않고 사람도 바꾸지 않는다. 우선 이제까지의 매장 스페이스(면적)를 한껏 압축한다고 하는 것으로부터 시작하는 것이다. 그렇게 하면 단위 면적당의 상품이나 판매원도 이제까지보다 훨씬 줄어든 상태가 될 것이다. 질량감이 생기고 밀도감도 높아진다.

손님, 특히 여성 고객들은 상품 밀도가 높은 가게를 좋아한다. 더구나 소매점에서의 쇼핑 손님의 70% 이상이 여성이다.

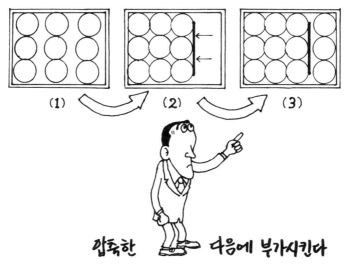

압축한 다음에 부가시킨다

그러므로 매장 스페이스를 압축하고 상품 밀도를 높일 필요가 있다.

예를 들어 100평방미터의 매장을 가진 가게라면 상품 아이템 이나 판매원의 수도 그대로 고스란히 60평방미터의 매장으로 줄이게 된다. 그러면 40평방미터의 여유가 생기면서 매장 면적도 60%로 압축되게 되는 셈인데 그럼에도 불구하고 매상고는 틀림 없이 20% 정도 올라간다. 이것이 장사의 신기한 점이고, 상품 밀도가 얼마나 중요한가 하는 것의 증명이기도 한 것이다. 그러 면 압축함으로써 생긴 빈 곳은 어떻게 하는가. 압축하여 성공하 고 역량을 얻었다면, 다음에는 비어 있는 스페이스를 이용하여 거기에 새 상품을 부가해 가는 것이다.

이처럼 압축함으로써 더욱 팔리는 품목 수를 늘려 가는 것을 '압축 부가법'이라고 한다. 이제까지의 상품 재고와의 상승 효과 도 생기고, 매상고 향상에 더욱 박차를 가하게 될 것은 틀림없 다.

 이것은 이제까지 전연 실패를 모르는 노하우이다. '재수 있는 상태'를 되찾기 위한 업적 향상의 특효약으로서 부디 한번 이것을 실시해 보기 바란다.

26. 다음 사람 포위법

즉시 업적 향상법으로서, 압축 부가법과 함께 중요시 되지 않으면 안되는 것이 '다음 사람 포위법'이다. 격심한 경쟁 속에 있으면서 우선 업적을 악화시키는 경향에 제동을 걸고 곤경을 빠져 나가기 위해서는 자기보다 강한 사람에게 공격을 가해서는 안된다. 업적을 향상시키기 위해서는 우선 무엇으로 이길 것인가 하는 것이 중요한데, 자기보다 강한 사람에 대해 정면으로 충돌한다 하더라도 결코 이길 수 있는 것은 아니기 때문이다. 이것은 경쟁법에서는 가장 서투른 방법이다.

우선 이기기 위해서는 이길 수 있는 상대를 고를 것, 즉 자기보다 약한 사람하고 밖에는 싸우지 않는 것이다. 이렇게 하면 우선 지지는 않는다. 더구나 자기의 바로 뒤를 쫓아오는 경쟁 점포를 포위하는 것이 가장 능숙한 전투방법이라고 할 수 있을 것이다. 이것을 '다음 사람 포위법'이라고 한다.

물론 자기 가게에 있어서의 경쟁 목표는 어디까지나 자기보다 한수 높은 강자이다. 그러나 처음부터 강자와 싸우면 상대로부터 간단히 걷어 차이게 되고 말 것이다. 자멸(自滅)이나 똑같다. 그러므로 우선 강자에 대항할 수 있을 만한 힘을 기르지 않으면 안되는 것인데 그러기 위해서는 경쟁 목표와는 별도로, 당면한

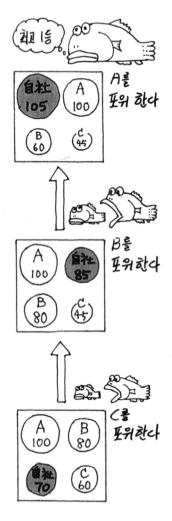

A를
포위 한다

B를
포위한다

C를
포위한다

· 최고 1등이 되는 방법 ·

공격 목표를 자기 가게의 바로 뒤를 따라오는 약자로 정하고 이것을 포위하는 것이다.

예컨대 자기 회사의 상권 안에, ABC라고 하는 3개의 경쟁 점포가 있다고 하자. 각각의 힘이 A=100, B=80, C=60, 그리고 자기 가게가 70인 경우, 자기 가게의 당면한 공격 목표는 바로 밑의 약자인 C점포라는 것이 된다. 그리하여 우선 C점포를 공격하고 그 매상고를 15% 정도 빼앗는다. 즉 C=45, 자기 가게=85의 세력 분포로 만드는 셈이다.

자기 가게=85가 되면, 바로 아래의 약자가 B점포로 바뀐다. 그래서 다음에는 B점포를 공격하며, B의 80을 60으로 낮추고 자기 가게를 105로 상승시키는 것이다. 그렇게 된 단계에서 A점포를 철저하게 공격하면 자기 가게를 1등 가게로 끌어올리는 것도 가능할 것이다.

이처럼 발 밑의 약자와 경쟁하여 실적을 올리면서, 자신감과 능력을 키워 스스로 강자가 되고, 마즈막으로 최강자가 되는 것, 이것이 강자가 되는 프로세스이고 .경쟁의 한

가지 원칙인 것이다. 이 원칙을 일찌기 '약자 학대의 법칙'이라고 불리웠던 것인데 '강자를 공격하고 약자를 돕는다'고 하는 것에 박수를 보내는 일본인의 착한 마음과 심정에는 이런 호칭이 공감을 갖기 어렵다. 그래서 '다음 사람 포위법'이라고 한 것인데 호칭이야 어찌 되었건, 이것이 현실적으로 경쟁사회를 지배하는 경쟁의 원칙임에는 틀림이 없다.

27. 톱이 적극적으로 솔선수범한다

조직체에는 기업과는 달리 톱이 누구이거나 관계없는 조직체도 있다. 보호받고 경쟁이 없으며 안정성이 높은 조직체의 경우이다. 또 기업의 경우에도 장래가 촉망되고 순풍에 돛단 듯이 발전하고 있을 때는 톱이 별로 힘을 쏟지 않더라도, 혹은 부하에게 맡겨 두더라도, 별로 경영에 지장을 가져 오는 일은 없을 것이다.

그러나 어떤 조직체이거나 또 그것이 어떤 상태이거나, 톱에 우수한 사람이 앉아 있으면 그 조직체는 비약적으로 발전한다. 그런 뜻에서 조직체라고 하는 것은 그 톱 한 사람으로 장래가 99% 결정된다고 해도 과언이 아니다. 하물며 현재는 장래를 전망하기 어려운 불확실한 시대이다. 그리고 즉시 업적 향상법이 현실적으로 필요하고 채용하려고 한다는 것은, 현재가 행운이 많은 상태가 아니라는 것을 뜻하고 있다. 그러기 때문에 더군다나 톱은 적극적으로 솔선수범하여 조직체를 이끌어 나갈 수 있지 않으면 안된다. 그런 리더쉽 발휘야말로 중요한 것이다.

그 경우, 톱은 종업원에 대해서 '지배자'가 되는 것이 아니라, 애정이 넘치는 지도자가 되지 않으면 안된다. 지도자라고 하는 것은 자기보다도 종업원의 일을 우선적으로 배려하고 의사를

최고 경영자가 솔선수범하다

수용하며 모든 문제에 대응하는 사람을 가리키며, 지배자라고
하는 것은 그 반대의 태도를 취하는 사람을 가리킨다. 지배자로
군림하면 종업원은 반드시 도망치기 시작할 것이다.

예를 들면 톱은 솔선하여 스스로가 현장을 첵크하지 않으면
안된다. 많은 점포를 경영하고 있더라도 그 모든 가게를 순방해
야 한다. 현장을 직접 피부로 접촉하면 미래에 대한 예감도 키울
수 있고, 정확한 지시도 할 수 있게 될 것이다.

ㄱ 경우 업적이 좋은 가게, 업적이 좋은 부서를 먼저 방문하는
것보다는 나쁜 가게, 나쁜 부서부터 도는 것이 좋다. 그리고 결점
을 지적하는 것이 아니라 "수고하는군. 고생을 시켜서 어떻게
하지"하고 말을 붙이고 업적이 오르지 않아 침울해 있는 마음을
전향적으로 밝게 헤쳐 가도록 해주어야 한다. 이것이 또한 종업
원에 대한 애정이라고 하는 것이다.

톱은 종업원에게 불안을 주거나 실제로 우왕좌왕하지 않도록

해야 된다. 그것은 최저의 경영자이다. 따라서 그렇게 되지 않기 위해서는 톱 스스로가 적극적이며, 솔선수범하여 기업체 전체를 이끌고 나가지 않으면 안된다. 그러기 위해서는 톱이 큰 꿈과 큰 목표, 강한 도전력, 실천력을 가져야 한다. 그것이 행운을 따르게 하는 원동력이고 즉시 업적 향상법의 원칙이기도 하다.

28. 적극적인 손님지향은 강직에서 나온다

경영자가 강직(剛直)하고 솔선수범하는 노력은 여러가지 뜻에서 메리트가 생기는 요인이 된다.

우선 먼저, 현재는 공급 과잉으로 인해 물건이 남아도는 시대이다. 경영 환경이 악화되고 경쟁이 격화되어 있는 현상은 아무도 부정할 수 없을 것이다. 이런 시대가 되면 손님은 조금이라도 고객 위주의 서비스 좋은 가게로 집중하게 된다. 그것은 경쟁 상대보다도 손님 지향을 해나가지 않으면 경쟁에서 이길 수 없다는 것을 말한다. 그러면 소극적인 경영으로 손님을 기쁘게 해줄 수가 있을까. 그렇지 않다. 진정한 손님 지향은 강직하지 않고서는 될 수 있는 일이 아니다.

경영자는 일반적으로 경영 환경이 악화되면 철저하게 강직형으로 손님 지향을 하고, 매상을 올리려고 하는 타입과 소극적으로 경비나 재고를 줄이고, 매상고를 떨어뜨려서라도 이익을 추구하는 타입의 두 가지로 나뉘게 되는데, 전자와 같은 타입의 가게나 기업인 경우에는 손님이 집중되고, 경비가 증가되는 대신에, 그 이상으로 매상이 오르고 이익도 나는 것에 비해, 후자와 같은 경우에는, 매상이 떨어질 뿐만 아니라 이익까지도 감소되고 이윽고 기업이나 가게도 소멸되지 않을 수 없게 된다.

적극적인 고객 지향이 업적의 저하를 막고 발전시킨다

왜 그렇게 되는가.

그것은 적극적인 손님 지향이야말로 이익의 근원이라고 하는 대원칙 즉 '경쟁이 격심해지면 격심해질수록, 가장 손님 지향적인 가게나 기업에 손님이 집중되고, 그만큼 매상이나 이익도 올라갈 수 있다'고 하는 경쟁의 원리가 여기에서 작용하기 때문이다.

반대로 특히 현재와 같은 경쟁 격화의 시대에서 소극적 성격은 곧 경영 업적의 악화를 가져 온다. 소극적인 경영으로는 손님을 기쁘게 해줄 수가 없고 그런 가게에는 손님이 몰리지 않게 되기 때문이다.

인간이 미래 지향적이고 강직하게 되면 주변도 그와 같이 작용하게 되는 것이고, 반대로 과거에 연연하며 소극적이 되면, 역시 그와 같이 정체되고 약화되는 것이다. 경영자는 그런 뜻에서도 강직하고, 솔선수범하여 적극 노력하지 않으면 안된다. 그것도 또한 천지 자연의 이치라고 하는 것이리라.

강직하게, 적극적으로 손님 지향적이고 손님을 기쁘게 해주며 손님에게 이익을 줌으로써 스스로도 이익을 얻게 된다. 손님 지향을 잊은 가게나 기업은 노래를 잊은 카나리아와 같다. 장사는 손님을 위해 있는 것이라고 하는 경영의 원점을 잊지 말고 강직한 경영으로 전환해야 한다. 그것은 반드시 업적 향상으로 기업을 발전시킬 것이다. 여기에 톱에게 있어서 강직 경영의 첫째 메리트가 있다.

29. 종업원의 의욕을 이끌어 낸다

톱이 강직하고 솔선하여 일을 함으로써 생기는 둘째 메리트는 그것에 의해 종업원의 의욕을 이끌어 낸다고 하는 점이다.

즉시 업적 향상법의 중요 포인트의 하나는 톱과 종업원이 일체가 된 회사 전체의 정신적으로 무장된 의욕이다. 물론 이것은 첨가된 자신감=플러스 발상이 수반된 것이 아니면 안될 것이다. 요컨대 종업원이 '스스로 미래 지향적으로 큰 꿈을 가질 수' 있도록 하지 않으면 안되는 것인데, 그러기 위해서는 ① 톱이 강직하고 솔선하여 노력한다, ② 제일선에서 뛰는 사람들을 경영에 참여시킨다, ③ 인정하고 평가하며 하려는 의욕이 나오는 기구나 장치를 우선 만든다, 고 하는 세가지가 중요하게 된다고 하는 것이다. 또 그것과 동시에 배우고 일하는 것의 의의를 종업원에게 가르쳐 주는 것도 필요하다.

남보다 잘 배우고, 잘 일하는 사람이 결국에는 행복하게 되고 성공하고 운이나 재수도 따르게 된다. 이것도 또한 천지 자연의 이치일 것이다.

경쟁에서 이겨내기 위해서는 경쟁 상대에 비해 언제나 손님 지향에서 앞서가지 않으면 안된다. 즉 물건 갖추기, 손님에의 접대 태도, 손님과의 일체화, 밀착화, 상품 지식 등에서 상대편보

적극적인 경영이 사원들의 의욕을 상승시킨다

다 뛰어난 것이 결정적인 수단이 된다. 그러나 그렇게 되기 위해서는 종업원에게 원래 의욕이 있지 않으면 안된다.

업적이 악화되고 있던 기업이 돌연 좋은 성적으로 돌아선 사례를 이제까지 수많이 보아 왔는데, 여기에 공통된 원인의 하나는 인간성 존중의 경영으로의 전화(轉化)와 종업원의 의식개혁에 의한 하려는 의욕의 도출에서 성공했다는 것이 된다.

즉, 경영자가 솔선하여 일을 하고, 그런 속에서 종업원을 소중하게 생각하면, ① 종업원과 경영자의 일체감도 솟아나고, ② 종업원의 의욕을 일으켜 ③ 예의범절이나 태도가 좋게 되며, ④ 업적도 향상되는 것이다. 좀 더 자세하게 말하면, 업적을 좋게 하기 위해서 경영자는 종업원을 소중하게 여기고, 믿으며, 동시에 엄격하게 교육하지 않으면 안된다고 하는 것이다. 또 엄격하게 교육한다고 하는 것은 종업원에게 자신의 소중함을 자각하게 하고 하려는 의욕을 일어나게 하는 것이다 라는 것이 될 것이다. 또 종업원을 소중하게 생각한다는 것은 일을 통하여 종업원의 역량을 최고로 조장할 수 있는 장소와 시스템을 제공하는 것이다 라고 바꾸어 말할 수도 있는데, 어쨌거나 그것들은 우선 톱이 솔선하여 하려는 의욕을 가지는 것이라고 해도 좋을 것이다.

30. 전사원 경영(全社員經營)에의 권장

종업원의 역량을 최고로 조장할 수 있는 자리와 시스템을 제공한다는 것——그것이 종업원을 소중히 하는 것이다, 라고 진항에서 말했는데, 그것은 구체적으로 어떤 것을 가리키는 것일까.

인간은 누구나 다 자기의 역량을 키우기를 바라고 있는 것이다. 그러나 그것은 아무 것도 하지 않고 가만히 있어도 키워지는 것은 아니다. 그러기 위해서는 끊임없이 자기에 대해서 ① 크리에이트(창조) ② 결단 ③ 책임의 세가지 점이 부과되어 있을 필요가 있다.

이것은 매우 어려운 일이다. 특히 남으로부터 강요된 상태에서는 그것에 대한 거절반응이 앞서게 될 것이다. 따라서 이상의 3가지 점을 스스로에게 부과하기 위해서는 나름대로의 조건이 필요하게 된다. 독립·자유·참여라고 하는 3조건이다. 반대로 말하면 이들 3조건이 없으면 인간은 좀처럼 창조·결단·책임의 세가지 점을 스스로에게 부과하기 어려운 것이다.

그런데 이 독립·자유·참여의 3조건을 충족시키면서 스스로에게 창조·결단·책임의 세가지를 부과하고 역량을 갖게 하는 방법이 여기서 말하는 전원 경영법(全員經營法)이다. 이것은 종업원에게 힘을 붙이게 할 뿐만 아니라 하려는 마음을 낳게

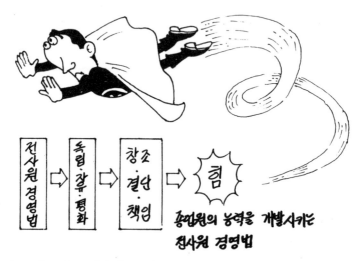

전사원 경영법 ⇨ 독립·장·평화 ⇨ 창조·결단·책임 ⇨ 힘

**종업원의 능력을 개발시키는
전사원 경영법**

하는 최고의 노하우라고 해도 좋다.

지금 업적을 신장시키고 있는 기업의 대부분은 대체로 이 중지
(衆智) 결집에 의한 전원 경영법이 이루어지고 있다고 생각해도
틀림없다. 그것은 전사원이 어떠한 형식으로든지 경영에 참가하
고 스스로의 의견을 제안하며 더구나 그 같은 제안의 거의 모
두가 채용된다고 하는 시스템을 가리킨다.

인간은 자기의 의견을 제안함으로써 계획이든가 경영에 참가
할 때가, 그렇지 않은 때보다 몇 배의 실천 능력을 발휘하는 것으
로 알려져 있다. 따라서 제안은 계속되는 것이 좋지만, 여기에
어려운 문제가 없는 것은 아니다. 제안은 기업에 있어서 플러스
가 되지 않는 것이라면 채택하기가 어렵고 그렇다고 해서 채택되
지 않은 케이스가 많아지면, 전원 경영에 있어서 반대로 마이너
스의 결과를 가져 올 염려가 있기 때문이다.

그러면 어떻게 하는가. 우선 인간이란 무엇인가, 일이란 무엇
인가, 경영이란 무엇인가 등에 관해서, 종업원을 교육시키는

것부터 시작하는 것이다. 그 결과 전 종업원에게 진정한 뜻에서의 자신감이 붙으면, 그 다음에 크게 제안하게 한다. 그렇게 하면 누구나가 기꺼이 제안하게 되고 그것도 100%의 채용을 할 수 있게 될 것이다. 그런 활기 속에서 더욱 더 하려는 의욕이 조성되고, 전원 경영이 확립되어 가는 것이다.

31. 판매원의 상품 구매 참가법

인간은 스스로가 비인간화(非人間化) 되었을 때 가장 자의식(自意識)을 손상받지만, 반대로 인간성이 존중되고 심리적인 만족감이 얻어지면 엄청난 에너지를 발휘하는 수가 있다. 예컨대, 각자가 독립하면서 조직 속에 참가한다고 하는, 이른바 독립과 참여의 의식이 충족되었을 때, 종업원에게 '하려는 의욕'이 생겨나는 것도 그 때문이다.

이 '하려는 의욕'의 문제를 소매업의 현장으로 바꾸어 놓고 좀 더 생각해 보기로 하자.

일반적으로 손님이 탐을 내는 것, 즉 팔리는 상품에 관해서 가장 잘 알고 있는 분은 가게 안에서는 손님과 가장 가까운 처지에 있는 판매원일 것이다. 상식적으로는 그런 것이 될 것이다.

그러나 현실적으로는 구매 담당자나 혹은 구매나 판매도 하지 않는 점포 주인 쪽이 판매원보다도 무엇이 잘 팔리는가를 알고 있는 가게가 많은 것은 어찌된 까닭인가. 이것은 주로 신입사원이나 능력이 없는 사람들을 판매원으로 근무시키고, 얼마후 경험을 쌓아 능력이 생기면, 판매 담당에서 구매 담당으로 전보하는 구매와 판매를 완전히 분리해 버리는 시스템의 결점에 원인이 있는 것이다.

고객이 원하는 바로 가장 잘 알고 있는 사람은 판매원이다

　본래 경쟁이 격심할수록 손님과 가장 가까운 사람이 상품을 구매하고 그 사람이 파는 것이 소매업 경영의 가장 원활한 방법일 것이다. 따라서 적어도 매장 면적이 500평방미터, 판매원수가 최고 20명 정도인 수준의 가게라면, 판매원 전원이 구매 담당자가 되어야 할 것이다. 그리고 점주 또는 점포 책임자를 중심으로 톱다운형의 조직을 만들고, 서로 도와가면서 구매나 판매도 공동 책임으로 하는 것이 좋다.

　물론, 하나의 가게 매장 면적이 몇천 평방미터나 되는 대형점인 경우에는 조직적으로 움직일 필요가 있고, 기능 분화를 하지 않을 수 없거나, 다른 부문과의 관련이 문제가 되기도 하며, 판매원 전원의 구매 담당제도는 사실상 매우 어려울 것이라고 할 수 있으나, 그러나 이 경우에도 결국 판매원이 결정적인 핵심이므로, 판매원의 담당 상품중 적어도 20%는 판매원이 자신하는 것을 중심으로 구매에 참가시킨다고 하는 방법을 취해야 한다고 여겨진다. 요컨대 '판매원의 전원 구매 담당제도'라고 하는 것이 아니라, '판매원의 구매 참가제도'야 말로 필요하게 된다는 것이다.

　이러한 것은 판매원의 하려는 의욕과도 크게 결부된다. 현재의 기업 경영에서 아무래도 필요한 것은 종업원에 의한 이러한 자발적인 의욕이다. 이것이 없이는 즉시 업적 향상은 도저히 바랄 수 없다.

32. 손님의 특정화 · 고정화 · 밀착화의 강화

　판매원의 구매 참가는 고객과의 밀착화 강화를 위한 하나의 방법이기도 하다. 앞으로의 장사를 생각할 때, 아마도 가장 현명하고 효율적인 방법은 손님이나 거래처와 인간적으로 밀착하고 그것을 특정화 · 고정화 하는 것일지도 모른다.

　손님의 특정화 · 고정화란 알기 쉽게 말하면, 그 소매점에서 팔고 있는 상품, 취급하고 있는 상품에 대해서는 웬만한 일이 없는 이상, 다른 가게로 사러 가지 않는 손님을 만드는 것을 목표로 하는 것이다.

　최근의 소매업계에서는 이러한 '특정한 손님 만들기'의 장사 방법이 급속도로 늘어나고 있지만, 경쟁이 더욱 격화되는 현상을 생각하면, 이것도 당연한 일이라고 할 수 있다. 또 컴퓨터나 카드 시스템의 발달이 손님에 대한 개별대응, 특정 고객화를 시스템으로서 쉽게 만들고 있는 상황도 그것을 촉진하는 한 요인이 되고 있다고 해도 된다.

　이러한 손님의 특정화 · 고정화 시스템은 매스 판매 시스템보다도 훨씬 높은 효율의 실적을 올리고 있다. 어떤 시스템이 보다 인간성과 가까운가를 생각하면, 그 이유는 새삼스레 생각할 것까지도 없다.

특정 손님이 좋아하는 상품·정보·써비스 등을 제공

불특정 손님을 상대로, 가게 안에 진열되어 있는 상품 가운데
서 마음에 드는 것을 사달라고 하는 판매 방법, 될 수 있는대로
손님을 고정화·특정화 하고 싶지 않다고 하는, 셀프 판매 주체
의 양판점과 같은 판매 방법으로는, 가령 하루에 몇 십만명의
손님이 현재 하나의 대형 양판점 가게에 와준다고 하더라도,
한 사람의 손님도 고정화·특정화 할 수 없고, 만일 그동안에
경합하는 다른 가게가 손님을 특정화·고정화 해 가면, 이윽고
완전히 경쟁력을 가질 수 없게 되고, 그런 경합화는 다른 가게에
계속 손님을 빼앗기게 될 것이다.

요컨대 특정 손님을 대상으로 하는 상법과 불특정 손님 대상
상법이 같은 조건에서 경쟁하면, 전자 쪽이 압도적으로 유리하고
후자 쪽이 불리하다.

최근에는 소위 무점포상법이 급속히 성장중이지만, 그것은
이 무점포 판매가 어디까지나 특정한 회원 손님을 상대로 그

손님이 바라는 모든 상품·서비스·정보 등의 제공을 지향하는
고객 전면 대응형의 소매 업태이기 때문이라고 해도 좋다.
　손님의 특정화·고정화는 상품 구비나 매장 면적에서의 열세
를 물리칠 만한 힘을 가지고 있다.

33. 집중주의와 그 응용

그런데 경쟁에서 이기기 위해서는 그 나름대로의 조건이 필요하다. 집중주의(集中主義)도 그 하나이다. 어떤 기간, 한 지역에서 집중적으로 힘을 발휘하는 것을 집중주의라고 하는데, 그 집중주의도 하는 방법에 따라서 크나 큰 힘을 발휘한다.

예컨대 기업 경영의 사고방식 가운데 '이익을 위해서는 집중'이라고 하는 원칙이 있다. 그것은 집중이야말로 이익을 낳고 승리와 연결된다고 하는 데서 오는 일종의 경험법칙이라고도 할 수 있을 것이다. 특히 목적을 단기간에 달성하려고 하는 경우, 이 집중이 지닌 뜻은 대단히 크다.

이 집중주의는 여러가지로 응용할 수 있다. 소매업에서 말하면 어느 기간, 목표를 정한 단일품목을 일정한 점포 매장에 쌓아 놓고 집중적으로 팔아서 전년에 비해 매상고를 급격히 올리고 단숨에 '재수 있는 상태'를 가져 오는 판매 방법이 그 하나이다.

혹은 개점 세일 등에서 우선 집중적, 압도적으로 인기를 유도하는 '서전 압승법'이나 세리머니(행사)를 능숙하게 활용하여, 그동안에 목표로 정한 단일품목을 집중적으로 파는 '세리머니 이용법' 등도 그 응용이라고 할 수 있다. 물론 일정한 단일품목만을 파는 것이 여기서의 목적은 아니다. 그것을 하나의 미끼로

개점 축하 세일과 이익과의 관계

하여 다른 상품에 대한 손님의 관심이 쏠리게 하는 상품 구비를 하는 것이 중요하다.

특별 행사 판매의 기획 등도 마찬가지이다. 어떤 뜻에서는 행사 판매의 기획은 여러 곳에서 여러가지 기회에 볼 수 있다. 특히 찬스에는 철저하게 특별 판매를 할 것이다. 이를테면 경쟁점의 개점 등에 대하여는 반대로 찬스를 잡아서, '개점 축하 세일'을 제1탄에서 제10탄 정도까지 철저하게 치고 나설 정도의 마음가짐이 필요하다. 이것도 하나의 집중주의이다.

이러한 집중주의를 전개하는 데는 하나의 매장, 하나의 상품 담당 부서 뿐만이 아니라, 전사원의 협력과 사원 간의 단결심이 필요 불가결하게 될 것이다.

중지 결집의 전원 경영 메리트가 이런 때 발휘된다. 또 세리머니와 특별 행사를 기획하지 않으면 안된다고 하는 것 때문에 끊임없이 아이디어를 짜내지 않으면 안되고 모든 것에 호기심을 가지고 있지 않으면 안된다.

사원의 인간성은 이상과 같은 것을 통하여 분명해진다. 행운의 조건과 합치되는 인간적 요소가 싹트기 때문이다.

단기간에 업적을 올리기 위해서는 이러한 집중화가 필요한 것이다. 이것은 그것을 위한 말하자면 약자적 입장에서의 전략 가운데 하나라고 해도 좋다.

34. 주력, 준주력, 기타 상품의 의미

어떤 상품을 집중적으로 판다고 하는 것은 상권 내의 1등 상품 만들기와 결부된다.

여기에 상품을 ① 주력, ② 준주력, ③ 기타의 상품 3가지로 나누어 생각해 보자. 각각의 뜻을 알기 쉽게 설명하면,

① **주력**=경쟁시장 내에서 경쟁 상대에 비해 절대적으로 강한 것. 즉 절대적으로 1등을 유지하는 상품.

② **준주력**=경쟁시장 내에서, 경쟁 상대에 비해 절대적으로 강해질 가능성이 있는 상품, 즉 1등이 될 가능성이 있는 1등 다음의 상품.

③ **기타의 상품**=1등이 될 가능성이 지금은 없으나, 주력, 준주력과 곁들여 취급하면 플러스에 공헌할 수 있는 상품.

이라는 것이 된다. 상품 구비의 요령은 상품을 이상의 세가지로 우선 크게 나누는 것으로부터 시작하는 것인데, 물론 단순히 나누는 것만으로는 별로 뜻이 없다. 여기서는 그 비율이 문제인 것이다.

장사의 경험법칙은 물품 갖추기의 비율로서, 품목수로 말하면 주력을 1로 하는 경우, 준주력은 2~4, 기타의 상품은 8~20 정도 갖는 것이 성공의 조건이라고 우리에게 가르쳐 주고 있다. 결코

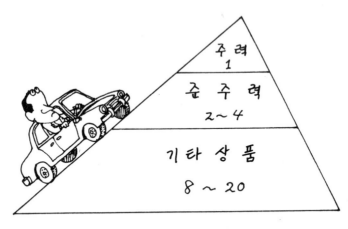

주력, 준주력, 기타 상품의 비율

주력만을 취급하라고 가르쳐 주고 있지는 않다.

주력만을 취급하는 것은, 결국 손님 수를 감소시키고 장사를 불안정화 시키기 때문이다. 경쟁사회에서는 다양화·종합화야말로 장사의 발전을 보증한다. 그 가운데서 주력을 늘려가는 방향을 생각하지 않으면 안되는 것인데, 주력 다음의 준주력을 다루지 않으면 안되는 이유 혹은 기타 상품을 다루지 않으면 안되는 이유는 여기에 있다. 상품 품목을 제한하는 것은 결코 상책이라고 할 수 없다.

그러나 즉시 업적 향상법의 일환으로서 상권내 1등 상품 만들기를 생각하는 경우, 지금 자기 가게에서 가장 잘 팔리고 있는 상품을 1등이라고 하는 것이 포인트가 되는 셈인데, 구체적으로는 가장 잘 팔리고 있는 상품의 매장 면적을 현재의 1.5배로, 그 상품 재고를 2배로 하는 것이라고 생각해 주기 바란다. 그리고 그러한 1등 상품(주력 상품)을 10평에서 1품목, 20평에서 2품목, 30평에서 3품목이라고 하는 비율로 만들어 가는 것이다.

또 으뜸 상품 다음의 상품(준주력)에 대해서는 매장 면적을 현재의 1.2배, 상품 재고를 1.5배로 하도록 해나가야 한다. 그것이 이 경우의 비율이라고 생각해 주기 바란다.

35. 밸런스를 좋게 한다

즉시 업적 향상법의 하나로서 밸런스를 좋게 한다는 점도 잊어서는 안된다.

그 첫째는 가게의 밸런스를 좋게 하는 것이다. 그것은 손님의 입장에서 볼 때, 가게의 느낌을 좋게 하는 것이라고 바꾸어 말해도 된다. 그 포인트는 이제까지 2장에서 설명해 온 모든 것을 좋게 하는 것이라고 할 수도 있다. 즉,

① '재수의 원리'를 응용하여 재수가 있는 것을 발전시키도록 한다.

② 매장 만들기에서는 '압축 부가법'을 기본으로 하고 볼륨감을 내는 동시에 언제나 '무엇을 더 부가시킬 수 있는가'를 생각하도록 한다.

③ 가게나, 팔고 싶은 상품도 손님이 볼 때 곧 알 수 있도록 언제나 눈에 띄게 한다.

④ 가게의 인상과 사원의 인상을 좋게 한다.

⑤ 접객 태도를 포함하여 전체적인 분위기를 밝고 따뜻하게 한다.

등이다. 이상과 같은 조건을 갖춘 가게가 손님에게 있어서 가장 밸런스가 잡힌 기분좋은 가게가 될 것이다. 따라서 업적을 향상

밸런스가 맞지 않으면 고객이 갈팡질팡한다

시키겠다고 생각하면, 이상의 조건 가운데서 만족스럽지 못한 점을 적극적으로 시정해야 한다. 그런 발상이 무엇보다도 밑바탕이 되지 않으면 안된다. 전항에서 말한 주력, 준주력, 기타의 상품 비율도 상품 갖추기에 있어서 밸런스 중심의 발상에서 나온 것임은 말할 나위도 없을 것이다.

　일반적으로 경영에서 '밸런스'라고 하는 경우, 재무 전략상의 밸런스를 말하는 수가 많다. 즉, 적정한 경영 효율을 유지하고 있는 상태를 말하고 밸런스가 잡힌 상태를 뜻하는 것이다.

　경영 효율을 분석하는 여러가지 지표로서는 중요한 것으로서, ① 총자본 경상이익률, ② 사용 총자본 순이익률, ③ 자기자본 비율, ④ 유동 비율, ⑤ 매출이익률, ⑥ 상품 회전율, ⑦ 매상고 대 금리비율, ⑧ 종업원 1인당 매출이익금, ⑨ 매상고 대 경상이익률 ⑩ 노동 분배율, ⑪ 교차 비율 등을 들 수 있는데, 밸런스가 좋다는 것은 이상과 같은 여러가지 경영지표에 의해서 표시된다.

　재무 전략상 밸런스가 좋다고 하는 것은 이따금 비정상일 때, 예외는 있으나, 그것이 곧 정상 상태로 돌아올 수 있는 방책을 확립해 두는 것에서부터 생긴다고 할 수도 있다. 그리고 그 여러 가지 지표의 대부분은 앞에서 말한 가게의 밸런스를 좋게 함으로써 개선되고 전체적으로 밸런스가 유지되어 가는 것이다.

36. 스피디한 실천력을

이 2장의 마지막으로, 모든 문제에 대한 스피디한 대응 혹은 스피디한 실천력에 관해 언급해 두지 않으면 안된다.

일반적으로 좋은 회사에서는 스피디하게 변화에 대응할 수 있고 좋은 일을 실행할 수 있으며, 나쁜 것은 곧 그만 둔다고 하는 특성이 있다. 그것을 사풍(社風)으로서 가지고 있는 것이다.

이러한 사풍을 만들기 위해서는, ① 톱의 명쾌한 경영 철학, ② 선명한 목표와 리더쉽, ③ 단순한 조직, ④ 최소한으로 필요한 관리, ⑤ 활발한 중지결집의 5가지 조건이 매우 중요하다. 그것은 스피디하게 변화에 대응할 수 있는 사풍을 만들 수 있기 때문이다. 그렇게 해서 생긴 사풍이 좋은 버릇을 만들고 좋은 습관을 붙이며, 스피디한 실천력을 촉진한다고 할 수 있다.

중요한 일에는 신속하게 대응할 수 있지 않으면 안된다. 그러나 발전하지 못하는 회사에는 이 신속성이 사풍으로서 없는 것이다. 예컨대 좋은 가게를 소개하더라도, 웬만큼 행운의 가게로 소문이 알려져 있지 않는 한 방문하려고 하지 않는다. 하려는 의욕이 없는 것은 아닌가 하고 의심하게 될 정도이지만, 이런 곳은 뜻밖에도 많다.

이와는 달리 신장하는 회사에는 좋다고 생각되는 문제에 곧 대응할 수 있는 스피디한 실천력이 사풍으로서 있다. 사풍이라고 하는 것은 회사에 있는 습관이나 버릇 등이 종합되어 조성되는 분위기와 같은 것인데, 업적의 대부분은 이 사풍에 의해 결정된다고 해도 과언은 아니다.

예를 들면, 일찌기 다이에가 대단한 기세로 계속 발전한 것은 나까우지(中內) 사장이 중요한 것은 밤중일지라도 즉각 명령하고 그것이 다음 날 곧 실천된다고 하는 사풍이 있었기 때문이다.

이것이 다이에가 발전한 하나의 원인이라고 해도 좋다.

소고도 그러하다. 중요한 것에 이르면 미즈시마(水島) 사장은 한밤중인 2시나 3시라도 임원의 집에 전화를 건다. 사장으로부터의 전화이므로 밤중이라고 해서 임원은 짜증을 부릴 수도 없다. 게다가 사장으로부터의 지시는 확실하게 즉각 실행으로 옮겨진다. 그것이 하나의 사풍으로 되어 있는 것이다.

　큰 기업으로서도 그러한데, 하물며 작은 기업은 더욱 그렇게 되지 않고서는 대항을 할 수 없을 것이다.

　즉시 업적 향상법이라고 하더라도 실천력이 뒤따르지 않는다면 아무 것도 안된다. 스피디한 실천력, 그것은 무슨 일을 실천해 가는 경우이거나 가장 근원적인 하나의 능력이다.

제 3 장

비상시에의 대응

37. 물자 과잉시대

지금 일본의 소매업은 굉장한 변화의 시대를 맞고 있다. 더구나 그 변화는 빠르다. 소매업이 변하고 있다는 것은 유통업 전체가 변모한다는 것을 가리킨다.

변화를 가져 오는 요인은 크게 나누어 두가지로 생각할 수 있는데, 그 하나는 '물건 잉여'라고 하는 현상에서 찾을 수 있을 것이다. 이 점을 우선 염두에 넣어 두기 바란다.

물건이 남는 것은 국내의 기술 혁신에 의하여 계속 물건이 생산되고 공급 과잉이 되기 때문만은 아니다. 최근에는 여기에다 NIES나 개발도상국 등에 의한 추적이 더욱 부채질하게 되었다. 이들 여러 나라들은 어느 정도까지 생활 레벨을 향상시켜 가려고 할 때, 현재보다도 공업화를 추진시켜 가는 이외에 다른 방법이 없다. 공업화 한다고 하는 것은 공업 제품을 만든다고 하는 것이다. 이것이 계속되면서 더욱 싸게 생산된다.

예를 들어 이웃나라 한국을 보자. 한국과 일본과의 차이 중 하나는 인건비의 차이다. 한국 최대의 기업 그룹인 S그룹을 예로 보더라도, 고교 졸업 종업원의 초임금이 월 35만원이라고 한다. 일본 엔으로 치면 약 6만 3천엔. 게다가 그들의 노동 시간은 일본의 그것보다도 평균 하루에 1시간이나 많다.

물자 과잉 시대

한국과 일본과의 또 하나의 큰 차는 그 땅값에서 볼 수 있다. 예컨대 서울의 인구는 약 1,000만명으로 도쿄와 거의 같지만, 그 중심부의 땅값은 도쿄의 긴자(銀座)가 평당 1억엔을 넘는 것에 비해, 1,500만원, 즉 약 270만엔이라고 하는 싼 값이다.

제일 비싼 땅이 평당 270만엔, 급료가 고졸 수준 월 35만원, 이처럼 일본보다 땅이 싸고 급료가 싸면 과거의 일본과 같아서 국제 경쟁력이 대단히 강해진다.

이런 나라의 사람들과 일본은 경쟁해 나가지 않으면 안된다. 아마도 이런 사람들이 열심히 만든 생산품은 매력도 있어서 앞으로 더욱 더 일본으로 들어오게 될 것이다. 당연히 물건은, 더욱 더 남아돌 것이 틀림없다.

그러면 물건이 지금보다 더 남게 되면 어떻게 될까.

물건이 남게 되면 다음 항 이하에서 말하는 것같은 세가지의 크나 큰 변화가 생기게 될 것이라고 생각된다.

그것은 무엇인가.

38. 진짜 유통혁명의 시대가 온다

물건이 남게 되면 여기에서 필연적으로 몇 가지의 크나 큰 변화가 생기게 될 것이다. 우선 맨 먼저 진짜 유통혁명의 시대가 온다. '진짜 유통혁명'이라고 하는 것은 일찌기 1962년에 도다이(東大)의 하야시 슈니(林周二) 씨를 비롯하여 많은 학자나 컨설턴트들에 의해 유통혁명론이 제창되었던 적이 있고 그럼에도 불구하고 마침내 유통혁명이 일본에서는 일어나지 않았던 경우가 있었기 때문이다.

여기서 당시의 유통혁명론을 잠깐 되돌아 보자.

물건이 생산되어 소비자의 손에 이르기까지는 메이커 · 도매 · 소매 · 소비자의 4단계가 있는데, 도매와 소매의 업계를 유통업이라고 한다면 1962년의 단계에서는 이 업계에 약 600만 명이 종사하고 있었다. 이것은 인원으로서 너무 많다. 본래 1억명의 일본인에게 무리, 낭비없이 일정하게 소비재를 제공한다고 하면 구미의 실례에서 볼 때, 300만명으로 충분하다. 그러므로 유통업계는 남어지 300만명 분만큼 불필요한 경비가 들고 부가가치도 취하지 않으면 안되고 그 몫만큼 메이커에 나쁜 상품을 만들게 하여 소비자에게 비싸게 팔아 넘기지 않으면 안된다. 따라서 유통업계의 600만명을 300만명으로 줄이는 것이 옳고 반드시 그렇게 될

134

유통업계 인구

감소되고 있는 유통
업계 인구

것이다——라고 하는 것이 당시 유통혁명론의 기본적인 핵심이었다.

그러나 그 뒤 어떻게 된 셈인지, 유통업계의 600만명이 300만명으로 줄기는 커녕 반대로 1천 200만명으로 계속 늘어났다.

일본의 경우, 제1차 산업 인구가 줄어든 몫만큼 제3차 산업 인구가 늘어났다고 할 수 있다. 유통업계가 말하자면 실업자의 완충지대로서의 역할을 수행해 온 셈이 된 것이다.

그러나 최근에 와서 이것이 빨리 변화하기 시작하면서 계속 늘어난 유통업계의 인구도 1982년을 고비로 마침내 감소 경향을 보이게 되었던 것이다.

우선 소매업계를 보자. 1985년도의 산업 통계에 따르면, 일본의 소매점 수는 162만 8,620개. 그 가운데 종업원 4명 이하의 가게가 약 135만 개로 전체의 82.8％에 이르고 있다. 지금 이같은 소형 상점이 하나 둘씩 폐업하고 있는데 전국적으로 볼 때, 이런 영세 소매점의 대부분은 뒤에서 보는 바와

같이 뉴리테일러(new retailer)의 시대에 대응하지 못하고 아마도
소멸되어 가지 않을 수 없을 것이다. 이것이 진짜 유통혁명이 올
것이라고 생각되는 첫번째 근거이다.

39. 물자 과잉시대의 도매업은 수익이 없다

영세한 소매점에 이어서 도매업도 이대로 나가다가는 사라지지 않을 수 없을 것이다. 소형 상점의 폐업 등에 의한 영향도 크지만, 전체적으로 보아서 돈벌이가 되지 않게 되었기 때문이다. 지금과 같은 형태로는 도매상의 존립도 어렵다.

2년 전쯤의 이야기이다. 도쿄의 신바시(新橋)에 본점을 가진 유명한 소의 혀 요리점 사장이 아무래도 소의 혀의 도매상을 하고 싶다는 상담을 하려고 나를 찾아왔다. 그 이유는, 이 가게가 일본햄이나 이토(伊藤) 햄과 제휴하고 있으므로, 온 세계에서 소의 혀가 들어오고 있다. 그래서 도쿄 주변에 직영점이 몇십 개 생겼다. 그런데 공급 능력은 얼마든지 있다. 따라서 간또(關東) 지방은 직영점 체제로 해 나가지만, 그 이외 지역의 소매점에는 도매를 하고 싶다. 좀 도와줄 수 없겠는가 하는 것이었다.

나는 그 자리에서 '그런 부질없는 짓은 하지 마십시오' 하고 충고했다. 제아무리 유명한 브랜드일지라도 또 아무리 큰 설비를 가지고 있는 메이커일지라도, 물건이 남아도는 이상에는 소매점에게 고개를 숙이고 판촉하지 않을 수 없다. 결국, 주도권을 잡을 수 없고 소매점의 뜻에 따르게 되며 적자가 되고 만다. 따라서 머리가 좋은 사람은 주도권을 잡을 수 없는 짓은 하지 않으며,

도매에도 손을 넓힐 것이 아니다, 라고 하는 것이 그 이유였다.

——이상과 같은 나의 설명으로 소의 혀 요리점 사장은 납득했고 도매업 진출을 단념했다. 매우 다행이었다.

그렇지 않아도 앞에서 말한 바와 같이, 도매상은 소매점에게 시달리고 그 존립조차도 위태롭게 되었다고 하는 것이 현상이다. 사실 양판점의 결산서를 보면, 우스갯 소리로 말해지고 있는 것처럼 이익이 많은 곳일수록 도매상을 괴롭히는 일에 능숙한 곳이 많다고 하는 이야기까지 있다. 구매처를 괴롭히는 것이 능숙하면 이익이 더 나오니까, 도매상 괴롭히는 것이 그대로 이익에 반영되고 있다고 할 수 있을지도 모른다.

끝까지 시달리다가 도매상은 이윽고 소멸되지 않을 수 없게 될 것이다. 그래서 나는 특히 중견 이상 양판점의 사장들에게 말하는 것이다. 이대로 10년만 지나면 도매점은 해나갈 수 없게 될 것이고 그렇게 되면 당신 쪽의 이익도 끝장이다, 라고.

그러면 이런 상황 속에서 도매점은 도대체 어디에서 도망치는 방법을 강구할 것인가. 아마도 상품이 싸게 손에 먼저 들어온다는 잇점을 살려서, 디스카운터 등의 소매업으로 진출하게 될

것이다. 그렇게 되지 않을 수 없다. 이리하여 일본의 유통업계에
는 크나 큰 변화가 생기게 된다. 요컨대 진짜 유통혁명의 시대가
온다고 하는 것이다.

40. 물건보다 고객의 특정화 시대다

물건이 남아 돌게 되면, 물건보다는 고객의 시대로라고 하는 움직임이 급속히 싹트게 된다. 이것이 이른바 물품 과잉시대에 나타나는 두번째 변화인데, 이것을 고객의 특정화(特定化) 시대라고 바꾸어 말해도 된다.

본래 장사라고 하는 것은 고객에게 물건을 파는 것이다.

따라서 가게라고 하는 것을 생각할 경우, 고객이 좋아하는 상품을 보다 많이 진열하는 것이 능숙한 가게, 고품질의 1등 가게가 이기는 것이 당연하다고 할 수 있다. 진열이나 레이아웃은 아무래도 좋다고 말할 수는 없지만, 이것만으로는 거의 효과가 오르지 않는다. 가게의 매상을 올리기 위해서는 상품력, 상품구비력이 전체의 7할을 차지한다. 이것이 하나의 원칙이다.

그러나 그것보다도 더욱 효과가 상승되는 것은 앞으로 고객이라고 해도 무방하다. 고객이야말로 재산이다. 더구나 불특정 고객이 아니라 특정 고객을 어떻게 잡느냐, 하는 것이 중요한 것이다.

물론 고객을 늘리는 것이 장사의 요령의 하나인 것은 말할 나위도 없다. 더욱 구체적으로 말하면, 이제까지의 단골 고객을 고정화 해 두면서, 새로운 고객을 늘리고 여기에 이 새로운 고객

불특정 고객 대상 상법의
전환점

도 고정화 해 가는 것이 장사의 한가지 요령이다. 이처럼 고객을 특정화, 고정화, 조직화 할 것. 이것이 앞으로의 장사를 생각하는 경우, 아마도 가장 현명하고 효율적인 방법이 될 것이라고 하는 것이다.

현실적으로 지금 특정한 고객 대상 장사법이 급속도로 늘어나고 있는 것은 그런 방법이 대단히 효율적이라고 하는 것을 많은 사람들이 이해하고 있다는 증거라고 할 수 있다. 물론 컴퓨터나 카드 시스템의 개발이 특정 고객화를 시스템으로서 가능하게 해온 하나의 큰 요인이라는 것은 말할 것도 없으나, 그 결과 특정 고객화가 고정 고객화에 이어지는 최단거리라고 하는 것, 특정 고객 대상의 장사법과 불특정 고객 대상의 장사법이 동일 조건에서 싸우면 전자쪽이 압도적으로 유리하다고 하는 것을 알아차리게 되었던 것이다. 예컨대 지금 마루이(丸井)가 대단한 매상을 올리고 있는 것은 카드 시스템으로 고객을 특정화 하고 있는 것에 큰 원인이 있다고 생각해도 좋을 것이다.

이처럼 고객의 특정화 움직임이 지금 급속하게 나타나고 있는
데 이러한 흐름을 보고 있으면, 양판점이나 컴비니언스 스토어와
같은 불특정 고객만을 대상으로 하는 장사법은 아마도 멀지 않은
장래에 큰 전환점에 도달할 것이라는 것을 알 수 있다.

41. 고객의 특정화 추이와 그 예측

전항에서 설명했듯이 특정 고객 대상의 장사 방법이 불특정 고객 대상의 장사보다도 훨씬 유리하다. 이런 것을 가장 잘 이용하고 시스템화 한 것이 마루이(丸井)의 장사법이라고 해도 좋다. 마루이의 장사법은 '외상 판매' '크레디트 판매'라고 하는 수법으로 불특정의 많은 고객을 특정 다수 고객화 할 뿐만 아니라 특히 젊은 세대를 무조건 특정 고객화 하는 뛰어난 시스템을 가지고 있다.

아마 마루이에서 몇 번 구입하면 다른 가게에는 갈 수 없을 정도로 경제적인 면, 심리적인 면, 상품적인 면에서 멋지게 시스템화 되어 있고 그 점에서는 지금으로서 이것을 뒤따를 가게가 달리 없다고 단언할 수 있다.

그런데 고객을 특정화 하는 이러한 경향은 지금 소매업의 여러 가지 분야에서 여러가지 형태로 진행되고 있다. 마루이의 경우는 그 가장 뛰어난 하나의 실례가 된다.

예컨대 스토어리스 판매, 캐시리스 판매, 예약 판매 등이 현재 급속히 대두되고 있는데 이것들은 고객의 특정화가 전제되지 않고서는 성립되는 것이 아니다.

소매업에는 근대적 소매업과 근미래적(近未來的) 소매업이

'고객의 특정화' 상태를 살펴보자

있다. 근대적 소매업이란 불특정 고객을 대상으로 한 점포 판매, 현금 판매 중심인 현재 주류가 되고 있는 소매업이고 근미래적인 소매업이란, 특정 고객을 대상으로 스토어리스이고 캐시리스이며, 될 수 있는대로 예약을 통해 사주기를 바라는 소매업을 가리킨다.

지금의 단계에서 보면, 소매의 총판매액에서 차지하는 비율은 전체의 90%가 근대적 소매업에 의한 매상이고, 근미래적 소매업에 의한 매상은 아직 10% 정도에 불과하다. 그러나 스토어리스나 캐시리스라고 하는 것은 그것이 잘 시스템화 되면 크나 큰 힘을 발휘하고 상당한 비율로 보급되어 갈 것이라고 생각된다.

그것은 쇼핑의 앤티레저(Anti leisure)화 경향이라고 하는 최근의 소비자 구매 행동에서의 변화를 보아도 알 수 있고 백화점에서의 외판 비율의 상승이나 가정 배달을 병용한 생협(生協)의 신장을 보아도 이해할 수 있으며 점포 판매에만 의지하고 있는 소매점의 일반적인 부진을 보아도 긍정할 수 있다. 아마도 이번

세기 안에 근대적 소매업과 미래적 소매업의 비율은 50 : 50이
될 것이라고 예측된다. 그런 것이 예측되는 가장 큰 포인트는
지금 급속하게 진행되고 있는 고객의 특정화 경향이라고 생각해
주기 바란다.

42. 고객에게 가장 잘 접근하는 장사법

물품 과잉시대가 되고 또 경쟁이 격화될 때는, 누가 잘 고객에게 접근하느냐, 또는 잘 고객을 끌어당기느냐에서 그 어느 쪽이 아니면 장사가 성립되기 어렵게 된다. 따라서 장사의 이른바 최종 도달계를 지향하는 움직임이 급속하게 활발해지고 있는 셈인데, 이것도 또한 물품 과잉시대에 나타나는 크나 큰 변화의 하나라고 할 수 있다.

먼저 가장 잘 고객에게 접근하는 장사법부터 살펴보자. 가장 잘 고객에게 접근하려면, '단골고객 주문받기'와 '가정배달'이 최선이라고 하는 것은 말할나위도 없다. 그것이 현대적 시스템으로서 완성의 영역에 도달할 때, 이것을 최종 도달계라고 한다.

예를 들어 회원제 무점포 판매라고 하는 새로운 구조를 가진 후레쉬 시스템즈(Fresh Systems)의 경우를 보면, 이것은 이해하기 쉬울지도 모른다. 회원 자택의 전화기가 컴퓨터 단말기의 작용을 하고 이 전화기를 통해 회원이 매주 보내 주는 1만 품목의 상품 카탈로그를 보면서 자기가 원하는 상품을 주문하면, 지정된 날자에 그것이 가정으로 배달된다,고 하는 것이 후레쉬 시스템즈의 극히 대체적인 개략이지만, 이것은 말하자면 전화와 컴퓨터를 활용한 참으로 새로운 현대의 '단골손님 주문받기',

전화와 컴퓨터를 활용한 단골 고객 주문 받기 시스템

가정 배달 시스템이라고 할 수 있다.

이 회사의 구조가 훌륭한 점은 주문을 받은 컴퓨터가 고객 정보를 개별적으로 관리하고 손님의 새로운 수요를 탐색하는 것과 같이, 여러가지 정보 분석이 가능하다는 점, 나아가서는 후레쉬 레이디 등을 통해 손님에 대한 휴먼 터치의 어프로치를 함으로써, 정보의 피드백(귀환)이 가능하다는 점 등에서 찾을 수 있을 것이다. 이와 같은 요소는 고객의 특정화·고정화·조직화에 있어서 없어서는 안되는 것이다.

이처럼, 컴퓨터를 시스템 그 자체에다 능숙하게 이용할 수 있게 되면, 그것은 소비자의 쇼핑 행동에 따르는 로스 부분을 해소시킬 수 있을 뿐만 아니라, 조직화된 고객과 밀착된 형태로 상품이나 정보가 교류되고 나아가서는 피드백도 할 수 있다는 점에서 완전히 고객 지향과 일치된다.

요컨대 이 시스템은 파는 쪽에서나 사는 쪽에 있어서도 무리·낭비·굴곡이 없고 효율적인 것인데, 이것으로 전국 네트라도 완성하면 아마도 확고한 역량을 발휘하게 될 것이다.

　이상과 같은 판매 방법이 고객에게 가장 잘 접근하는 장사법의 일례이다.

43. 가장 잘 고객을 끌어당기는 장사법

　가장 고객에게 잘 접근하는 장사법이 주로 특정 고객을 대상으로 한 노하우인 것과는 달리, 불특정 고객을 대상으로 하는 경우에 가장 잘 고객을 끌어당기는 장사법이 최종 도달계라고 하는 것이 된다.

　그러면 가장 잘 고객을 끌어당기는 장사법이란 무엇인가. 그것은 상권 내에서 가장 큰 지역 1등 점포를 만드는 것이라고 바꾸어 말할 수 있을 것이다.

　지역 1등점이 가장 잘 고객을 끌어당기는 것은 그곳이 가장 고객이 지향할 수 있는 가게가 되기 때문이다. 일반적으로 경쟁이 격화함에 따라 고객은 보다 고객 지향적인 공급체에 집중하기 시작하고 따라서 경쟁이 대단히 격심한 지역에서는 혹은 경쟁이 대단히 격심한 시기가 되면, 고객은 가장 고객 지향적인 가게에만 집중하게 된다. 이것은 경쟁의 한가지 원리라고 할 수 있다.

　그러면 가장 고객 지향적인 가게를 만들 때, 어떻게 하는가. 상품이라고 하는 요소에서 생각하면 그것은 상품 갖추기를 가장 잘 하는 것인데, 그러기 위해서는 상권 내에서 가장 매장 면적이 넓은 지역 1등점이 필요하다는 것이 된다. 특히 불특정 고객을 상대로 하는 경우, 물품과잉으로 경쟁이 격심해진 현상에서는,

고객의 심리를 최고로 활용하는 지역 1등 점포

그것 이외로는 좀처럼 살아 남을 수 없다. 1등점 이외는 분명히
말해서 채산이 맞지 않게 되어 있는 것이다.

가장 잘 고객을 끌어당기는 장사법=1등점 만들기로 지금
가장 눈길을 모으고 있는 것이 '소고'의 전략이다. 소고의 지역
1등점 만들기는 소고가 다점포화에 발을 내딛었을 때의 1호점인
지바(千葉) 소고 이래 유명하지만, 최근 특히 화제가 된 것은
1985년 9월에 개점한 요코하마 소고일 것이다. 매장 면적 약
7만 평방미터, 그때까지의 1등점이던 요코하마·다까시마야
보다 2배가 크다고 하는 것만으로 화제가 될 수 있었다.

아마도 요코하마 소고는 장래에도 지역 1등점의 매장 면적을
계속 유지할 것이 틀림없다. 일본 제2의 대도시 현관 입구에
7만평방미터는 결코 지나치게 넓지 않고, 2등점보다 2배 이상이
나 매장 면적이 넓다고 하는 것은 경쟁 대책상 이상적이며, 포괄
성 이론에 뒷받침된 경쟁 수법을 실시할 수 있다고 하는 점에서
도 소고의 이 방침은 전략적으로 옳고 행운의 원리에도 들어

맞는다. 아마도 앞으로 10년이 지나면 이 1개 점포만으로 한 해에 3,000억, 연간 경상 이익 300억엔 이상을 올릴 수 있는 가게로 성장되어 있을 것이다.

가장 잘 고객을 끌어당기는 장사법이란 이런 가게를 만드는 노하우를 가리키는 것이다.

44. 컴퓨터의 발달이 가져오는 것

소매업계의 변화는 물품 과잉시대라는 사실만으로 초래되는 것이 아니다. 컴퓨터의 발달과 보급이 별도로 그 변모에 박차를 가하고 있다.

보다 많은 고객을 유지하는 것이 기업 발전의 결정적 수단인 소매업에 있어서, 그것이 너무나도 수량적으로 많기 때문에, 손님에 대한 전면적인 개별 대응이나, 손님의 특정화·고정화· 조직화도, 이제까지는 불가능에 가깝다고 여겨지고 있었다. 그러나 소매업의 이 약점은 컴퓨터의 급속한 발전에 따라서 커버되기에 이르렀던 것이다.

고객수가 아무리 많더라도, '고객별 정보 관리 시스템'으로부터 시작하여 최종 도달계 경영 노하우라고 하는 '고객별 전면적 개별 대응 시스템'까지가 컴퓨터를 사용함으로써 실현 가능하게 되었기 때문이다.

이런 사실은, 메이커나 도매업자가 비록 최종 사용자인 소비자에게 직판한다고 하더라도 취급하는 품목이 한정되어 있기 때문에 아무래도 소비자 구매 행위에 전적으로 대응할 수 없는 것과 소매업의 유리성을 더욱 높이게 되었다.

이러한 상황에서 나오는 것이 뉴리테일러화에의 움직임이다.

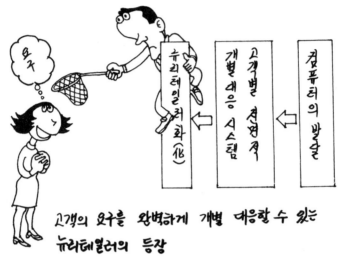

고객의 요구를 완벽하게 개별 대응할 수 있는 뉴리테일러의 등장

　뉴리테일러란 한 사람 한 사람, 소비 생활에 대한 소비자의 요구에 전적으로 개별 대응할 수 있는, 말하자면 개인 비서 겸 심부름 센타같은 역할을 맡고 있는 새로운 업태라고 할 수 있다.

　아마도 앞으로 10~15년이 지나 정보화 사회가 되면 모든 소비자나 생활인 개개인은 일정한 정보 그룹에 가입하게 될 것이다. 그리고 예컨대 어떤 소비자가 자기가 소속한 정보 그룹에 연락하면 원하는 물건을 살 수 있을 뿐만 아니라, 호텔이나 극장이나 비행기의 예약에서부터 자동차로의 출퇴근이나 부재중의 집의 안전보장, 청소 등까지 어떤 요구에도 따를 수 있게 된다. 이것이 정보화 사회의 생생한 모습이라고 할 수 있을 것이다.

　그러면 누가 이러한 정보 그룹에 해낭되는 일을 하는가. 이것을 할 수 있는 것은 이제까지 말해 온 것에서도 분명히 알 수 있듯이, 소매업 밖에 없다. 이처럼 소비자에게 전적으로 개별 대응할 수 있는 새로운 소매업군을 뉴리테일러라고 하는데, 중요한 것은 현실적으로 이러한 뉴리테일러를 지향하는 움직임이 소매업계에 등장했다고 하는 것이다.

물론 뉴리테일러로 되기 위해서는 그 나름대로의 조건이 필요
하다.

그러면 그 조건이란 무엇인가.

45. 뉴리테일러의 조건(1)

뉴리테일러가 되기 위한 조건의 하나는 소매업으로서의 최종 도달계 노하우를 가지고 있는가 어떤가, 하는 점에서 찾을 수 있다. 그것은 앞에서도 말한 바와 같이 가장 손님에게 잘 접근하는 노하우이거나 가장 손님을 잘 끌어당기는 노하우를 가리킨다.

전자는 후레쉬 시스템이 만든 하이텍·하이터치가 일체화된 스토어리스 노하우와 같은 것을 말하고, 후자는 소고나 니시다께(西武) 백화점과 같은 지역 1등점을 만드는 노하우란 것은 되풀이 해서 말할 것까지도 없을 것이다.

뉴리테일러가 될 수 있는 두번째 조건은, 컴퓨터 이용에 의한 고객별 정보관리 시스템을 가지고 있느냐 어떠냐 하는 것이다. 이 시스템은 불특정 손님을 특정화 하는 경우에서 없어서는 안된다.

이제까지 소매업이 주도권을 잡을 수 없었던 이유로서, 인재부족이나 리스크를 부담하지 않는 체질 등, 갖가지 요인이 열거되고 있는데 그 최대의 이유는 사실상 고객 수가 많고 고객 정보를 개별적으로 파악할 수 없었던 점과 그 때문에 고객에게 충분한 대응이 불가능했던 점에 있다.

고객별 정보관리 시스템에 의해 주도권을 장악한다

손님 수는 많더라도 그 대부분이 불특정 손님이었기 때문에, 결국 손님 수는 적지만 그 손님을 완전히 장악해 온 메이커, 도매업에 주도권을 빼앗기고 있었다는 것이다.

그러나 고객별 정보 관리 시스템을 보유하면 소매업의 주도권이 확보될 뿐만 아니라 같은 소매업 중에서도 유리한 지위를 차지할 수가 있게 될 것이다.

현재 소매업계에서는 POS 단말기의 도입이 한창이다. 나는 POS 도입의 필요성을 부정하지는 않는다. 오히려 그것은 앞으로의 소매업 경영에서 결정적인 수단이 될 것이라고 생각하고 있을 정도이지만, 현재 대부분의 소매업이 도입하고 있는 POS 시스템에 대해서는 의문을 던지지 않을 수 없다. 그것은 고객별 퍼스널 정보를 전연이라고 해도 좋을 정도로 취할 수 없는 시스템이기 때문이다.

퍼스널 정보, 상품 정보, 시간 정보, 금전 정보의 4가지가 인풋됨으로써 POS 시스템은 비로소 소매업에서의 이용 가치가 생겨난다. 그 점을 이해해 주기 바란다.

지금으로서 고객별 정보 관리가 완전히 이루어지고 있는 소매업은 '마루이(丸井)'와 '프레쉬 시스템즈'의 2개 회사밖에 없는데, 소비자에게 물품을 판다고 하는 하나의 조건 위에서, 특정 고객 대상 장사법과 불특정 고객 대상 장사법이 싸우는 경우, 전자가 얼마나 유리한지, 이 2개 회사의 성장이 그것을 잘 말해 주고 있다.

46. 뉴리테일러의 조건(2)

　뉴리테일러가 되기 위한 셋째 조건은, 고객별 개별 대응 시스템을 보유하고 있느냐 없느냐, 라고 하는 점이다. 이 시스템도 또한 물론 컴퓨터의 이용없이는 실현될 수 없다.

　다음의 시대, 정보 시대를 움직이는 최대의 툴(도구)은 컴퓨터이다. 어느 시대에도 그 시대를 움직이는 최대의 툴은 있었다. 예컨대 농경사회에서는 그것은 좋은 농지와 농기구였고, 공업화 사회에서는 뛰어난 공장 시설이 그것이었다. 이들 툴을 보다 많이 손에 넣고 능숙하게 사용하는 사람들이 그 시대의 리더쉽을 장악했던 것이다.

　그런데 다음 시대의 툴인 컴퓨터는 다른 업종에 비해 고객수와 점포 수가 압도적으로 많은 소매업이 가장 많이, 더구나 가장 능숙하게 사용할 수 있게 될 것은 틀림없다. 아마도 가까운 장래에는 전 컴퓨터 수의 70％ 이상이 소매업에서 사용되기에 이를 것이라고 예측될 정도이다.

　앞으로의 소비자는 앞에서도 조금 말한 바와 같이, 쇼핑 뿐만 아니라 모든 기능이나 서비스를 소매업에서 찾게 될 것이다. 그렇게 되면 이미 소매업이라고는 말할 수 없게 변질될지도 모르지만, 어쨌거나 소매업 그 자체도 경쟁 밑에서 살아 남기 위해서

고객의 요구
고객의 요구
고객의 요구
고객의 요구

**컴퓨터를 이용해 고객 개개인의
요구를 전면적으로 대응한다**

는 개개의 고객 요구에 맞추어 전면적, 개별적으로 대응할 수
있도록 변해가지 않을 수 없을 것이다.

이러한 고객별 개별 대응 시스템의 개발도 컴퓨터의 이용에
따라서 현실적으로 가능하게 되었다고 하는 것은 되풀이 해서
말할 것까지도 없다.

이상 뉴리테일러가 되기 위한 3대 조건에 관하여 말해 왔는
데, 또 하나, 이상의 3대 조건을 만족시키기 위해서는 자신이
전국 네트의 소매업으로 성장해 가지 않으면 안될 것이다.

뉴리테일러화에의 움직임은 앞으로 소매업 가운데서 이상과
같은 3대 조건을 만족시키면서 활발하게 되어 갈 것이 틀림없
다. 손님의 특정화·고정화·조직화 현상도 그러한 것을 전제로
하여 진행되어 갈 것이다. 불특정 손님을 상대하면 확실성이
없고 계획성도 가질 수 없으며 비효율, 불안정하기 그지없기
때문이다. 이리하여 가까운 장래, 소매업 그것도 뉴리테일러
군(群)이 산업계 전체를 리드해 가게 될 것이다.

47. 메이커는 어떻게 살아 남을 것인가?

그러면 이러한 전체적 움직임 속에서 메이커는 도대체 어떻게 되어 갈 것인가.

이미 말한 바와 같이, 소비재 업계는 현재 공급과잉 상태이고, 따라서 소매업은 애쓰지 않고 주도권을 잡을 수 있으며, 도매업이나 메이커를 기능적으로 통합시켜 종속화 시킬 수 있는 반면에, 메이커나 도매업은, 소매업계에 참여하고 소비자에게 직판 형태로 상품을 유통시키는 등 어떤 방법으로 소매업계를 지배하는 이외에, 주도권을 잡는 것은 불가능하게 되고 있다.

예를 들면, 소매 단계에 직접 참여하는 수법을 취하고 있는 것이 화장품 메이커인 '포라'나 '노에비아'이고, 자금이나 상품, 노하우 등으로 소매업계를 계열화 하고 주도권을 잡고 있는 것이 각 가전상품(家電商品) 메이커 혹은 어패럴(기성복) 업계에서의 '레나운', '와코르', '온워드', 그리고 약의 메이커인 다이쇼(大正) 제약 등이다. 그 밖에 다이렉트 마케팅 등도 주도권 확보를 위한 하나의 시도라고 보아도 좋다.

그러나 시류에서 볼 때, 메이커가 소매업 레벨에서 이처럼 주도권을 계속 유지하는 것이 앞으로도 가능한지 어떤지는 의문을 품지 않을 수 없다. 앞에서도 말한 바와 같이, 정보화 사회라

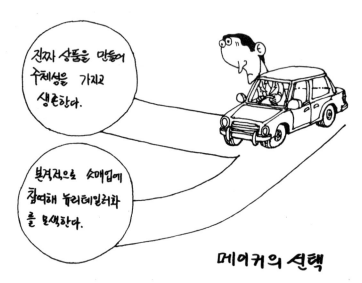

고 하는 것은 한 사람 한 사람의 고객에게 전면적으로 개별 대응
하는 사회라고 말할 수 있는 것이 뉴리테일러이지만, 그 점 메이
커는, 상품이 자사 제품 뿐이라고 하는 폭이 좁은 범위에 얽매
어, 그 때문에 한 사람 한 사람의 고객에 대한 전면적 대응이
불가능하기 때문이다.

예를 들어 소매점의 계열화만 보더라도, 지금은 대단히 유효하
다고는 하나, 그렇다고 장래에 오히려 곤란한 것으로 되지 않는
다고 할 수는 없다. 계열점을 가지면, 계열점 중심으로 상품을
유통시키지 않으면 안되기 때문에 계열점을 가지고 있지 않은
쪽이, 자사 제품을 어느 가게에나 유통시킬 수 있다고 하는 유리
성을 가지게 된다.

더구나 앞으로의 정보화 사회에서는 고소득 · 고교양이 뒷받침
된 소비자는 이제까지 메이커가 취해 온 것과 같이, 스스로 리스
크를 짊어지면서 상품을 계속 만드는 공격적 경영을 좋아하지

않게 된다.

이상과 같이 생각할 때 메이커는 주도권을 뉴리테일러에게
건네 주게 되고 진짜 상품을 만드는 것으로 주체성만을 가지고
살아가든가, 그렇지 않으면 기업체로서 본격적으로 소매업에
참여하고 뉴리테일러화를 의도하든가의 바야흐로 선택에 쫓기고
있는 시대라고 생각되는 것이다.

48. (주)사계회(四季會)의 설립

여기에서 뉴리테일러에의 경향이 급속히 드러나고 있는 것을 나타내는 구체적인 예를 하나 들어 두겠다. (주)사계회(四季會)의 실례다.

먼저 이 회사가 설립되기까지의 과정부터 설명한다.

1979년, 20여명의 중견 양판점 사장들이 나의 회사 주최의 구미 스터디 투어에 나와 함께 떠난 것이 대체로 그 시작이었다.

그 여행 중 가장 오래 체재한 곳이 서독이었는데 거기서 우리들은 필야르 짜이텐이라고 하는 호텔 체인의 호텔에서 묵게 되었다. 필야르 짜이텐이란 영어로는 포 시즌, 즉 '사계절'이라고 하는 뜻이다.

그때 당시 후지 사장이었던 오야마 에쓰소(屋山悅造) 씨의 제안으로 이 스터디 투어에 참가한 사람들이 '사계회'라고 하는 이름의 모임을 만들게 되었다. 명칭과 마찬가지로 1년에 4번, 계절마다 모여서 공부하는 모임을 갖자고 하는 것이 그 목적이었다.

그런데 사계회도 모임을 거듭하여 공부를 해나가는 동안에 로컬 체인의 장래성과 앞으로의 문제가 토의의 중심이 될 때가

**뉴리테일러 시대를 예상하고 로컬 양복점이
살아 남을수 있는 조건을 검토한다.**

많아지고 그러는 동안에 나에게 '사계회에 가맹한 로컬 양판점이 앞으로 살아 남기 위한 플랜을 생각해 주기 바란다'고 하는 의뢰가 오기에까지 이르렀다. 그래서 회원 각자의 의견과 나의 생각을 정리하여, 앞으로 로컬 양판점에 관해서 몇 가지 조건을 제시했던 것인데, 그것은 뉴리테일러 시대를 상정하여 결론내려진 것으로서, 다음과 같은 조건들이었다.

① 전국 네트가 필요하다.

② 고객의 개인별 정보 관리 시스템을 완비할 필요가 있다.

③ VAN을 기능화 할 필요가 있다.

④ 대형 내셔널 체인이나 대형 백화점에 대항할 수 있는 독특한 노하우, 독특한 상품, 즉 위상차(位相差) 노하우, 위상차 상품이 필요하다.

⑤ 가맹한 회사들은 서로의 주체성을 살리고 유지할 필요가 있다.

⑥ 대기업이나 `대메이커에 대항할 수 있고, 주도권을 잡을
    수 있는 힘을 가질 필요가 있다.
⑦ 세상의 모든 변화에 자유자재하게 대응할 수 있는 것일
    필요성이 있다.

이상과 같은 조건을 만족시키는 것을 만들고, 여기에 가입하는
것이 로컬 양판점이 살아 남는 조건이라고 하는 것이었다.

49. 뉴리테일러 시대에의 선구자

그래서 전항에서 말한 것과 같은 조건에 들어맞는 것을 만들기 위해 어떻게 해야 하는지를 여러가지로 검토한 결과, 우선 사계 회(四季會)의 멤버를 중심으로 별로 경쟁하지 않는 로컬 판매점 을 참여시켜 1986년 4월에 발족한 것이 (주)사계회이다.

현재 사계회 가맹 기업 수는 50여개사. 가맹한 양판점의 규모 를 합계하면 총매상 규모가 약 1조 5,000억엔, 총점포 수가 1,700 점포, 총종업원 수가 약 5만 6,000명. 요컨대 로컬 No. 1의 중견 양판점이, 북은 호까이도로부터 남은 오끼나와까지 전국 네트워크를 만들고 있다.

그 중에는 양판점 이외에도 이를테면 전통(電通)이나 M&C 시스템 등도 관련되고 있는데, 전통은 여러가지 정보, 특히 위상 차 노하우나 위상차 상품의 집합에, M&C 시스템은 VAN을 위해 필요하기 때문이다.

이만한 규모로 사업을 하는 것이기 때문에 상당한 성과를 올릴 수 있는 셈인데 당면한 주요 목적은 다음 3가지라고 생각해도 좋을 것이다.

첫째는, 앞으로 생겨나는 사계회 그룹 기업과 사계회 가맹점과 의 사이에서의 상거래를 통해 나오는 데이터 베이스의 관리와 판매.

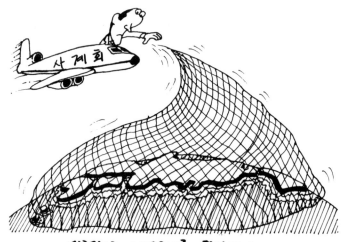

전략적으로 네트워크를 확장한다

둘째는, 사계회 가맹 기업에 플러스가 되는 합병 기업 만들기와 그를 위한 출자.

셋째로, 투자 사업 조합의 운영이다.

이상과 같은 목적의 실현 과정에서 사계회에 기대되는 바는 크다. 앞으로는 공동 사업의 시대이다. 하나의 회사에서 모든 것을 도맡아 처리하려고 생각하는 시대가 아니다. 지역의 것은 지역의 기업에 맡기면서 전체로서 종합적 사업을 하는 것이 앞으로의 시대이고 그런 뜻에서 (주)사계회의 사업 구상은 시류에 맞는다.

또 앞으로의 소매업 경영은 네트화 하고 어느 징도 전체로서의 롯(rod)을 가지고 전국 규모로 활약할 수 있게 하지 않으면 정보화 시대의 시류에 대응할 수 없다. 그 점에서 (주)사계회는 명확한 정책을 가진 집단이고 뉴리테일러 시대의 선구자가 되는 기업의 하나라고 생각된다.

아마도 이 (주)사계회의 동향이 힌트가 되어 앞으로는 소매업의 생존을 건 네트화가 몇 개 진행되는 것이 아닐까. 그리고 이들 소매업자 대부분은 뉴리테일러화 되어 갈 것이 틀림없다. 후레쉬 시스템과 마찬가지로 그런 시대적인 조짐을 (주)사계회에서 볼 수가 있는 것이다.

50. 대형 양판점도 결국 뉴리테일러화 한다

이상에서 보아온 바와 같이 소매업계는 살아 남기 위해 시류에 적응한 것을 찾아서, 지금 크게 움직이기 시작하려 하고 있다. 그러한 경향은 우선, 동료를 모으고 그룹을 만들며 각각의 주체성을 유지하면서 위상차 상품이나 위상차 노하우, 나아가서는 정보 관리 시스템을 가지려는 움직임이고 동시에 의사가 통하는 회사끼리 서로 출자하여 주식회사로 네트를 만들며 그 새 회사에서 데이터 베이스를 관리하거나 출자와 투자로 그룹과 회사에 기여하자고 하는 것과 같은 이제까지는 볼 수 없었던 움직임인 것이다.

이것은 틀림없이 뉴리테일러의 탄생이 계획되고 실천되고 있다는 것을 뜻한다. 아마도 이러한 뉴리테일러 시대가 찾아올 경우, 메이커나 도매업은 뉴리테일러의 한가지 기능 분담자로서 여기에 참여하게 될 것이다.

그렇다면 이러한 움직임 속에서 최근 20년 남짓, 일본의 유통 업계를 리드해 온 양판점 업계는 앞으로 어떤 방향으로 나아갈 것인가.

대형 양판점이 이제까지 발전해 온 최대의 포인트는, 취급 품목이나 업종을 다양화, 종합화 하는 동시에 계속된 개점으로 영업 거점을 늘려 왔다는 것이다. 아마도 이 방침은 그대로 견지

대형 양판점도 뉴리테일러를 지향한다

될 것이다. 그와 동시에 여기에 더하여 무점포 판매 등에도 반드시 나서게 될 것이 틀림없다. 말하자면 이제까지와 같은 불특정 고객 대상의 장사법 이외에 특정 고객 장사법에도 참여할 것이라고 하는 것이다.

요컨대 대형 양판점의 장래 방향(좀 더 자세하게 말하면), 다양화, 종합화를 더욱 추진하고 우선 제3.5차 산업과 제4차 산업에 참여하며, 제3차, 제3·5차, 제4차 산업이 병합된 기업 혹은 기업 그룹으로 발전되어 갈 것이라고 생각된다.

동시에 또, 무점포 판매나 특정 손님 장사법을 통해, 각 회사가 자기 회사 카드를 발행하게 될 것이다.

그리고 거기까지 가면 반드시 뉴리테일러 지향으로 기울어질 것이 틀림없다. 그것이 시류이고 소비자의 요구라고 하는 것을 대형 양판점의 사장이라면 반드시 깨닫게 될 것이기 때문이다.

결국 (주)사계회의 움직임이나 후레쉬 시스템즈 등의 움직임에 자극되어 대형을 포함한 대부분의 양판점은 뉴리테일러의 길을 걸어가게 될 것이다.

51. 초대형 이외는 그룹화

그런데 뉴리테일러화 되어 가는 경우, 초대형 양판점은 독립적으로 존재가 가능하지만, 그 이외의 양판점들은 서로가 협력하여, 그룹화·네트화 하지 않으면 단독으로 살아갈 수 없으리라고 생각된다. 그것은 연간 매상고가 현재 1,000~3,000억엔 정도의 준대형도 다를 바가 없다. 이유는 여러가지이지만, 준대형 이하의 단독 업체로는,

① 전국 네트가 아니기 때문에, 고객의 요구에 대한 전면적 대응이 어렵다.

② 정보 시스템을 위한 소프트 개발에는 많은 비용이 들기 때문에, 규모가 작고 매상이나 상품 롯이 통합되지 않는 준대형 이하에서는 정보 관리 시스템을 단독으로 기능화 할 수 없다.

③ 유명 메이커나 일류 도매상 등, 좋은 구매처가 따라오지 않으며, 어떤 경우에도 무리를 할 수 없다.

④ 인재나 자본금, 혹은 수익에서도 대형과는 큰 차이가 나타난다.

⑤ 뉴리테일러화에의 움직임에 대처할 수 없다.

등의 이유를 생각할 수 있을 것이다. 그리하여 준대형 이하의

소매업계도 신유통혁명의 조류에 휩쓸리게 된다.

양판점에 의한 그룹화·네트화가 진행되는 셈인데 이때 그들은 대형의 산하에 들어가는 것을 강력히 피하려고 할 것이다. (주) 사계회와 같이 중소 양판점이 모이고 서로의 주체성을 살리려고 계획하면, 그것으로 충분히 독립성을 유지하면서 존속할 수 있기 때문이다.

이제까지 뉴리테일러 시대에의 움직임에 관해 말해왔으나, 이러한 움직임은 소매업계에서의 여러가지 변화와 병행하여 나타난다. 예컨대 지금 여러가지 업종이나 업태에서 소매업에로의 참여가 시작되고 있는데, 이렇게 하여 소매업계는 유통 전국 시대가 되어가고 있다.

한편 컴퓨터화·정보화의 물결이 밀려 오면 이것이 계기가 되어 소매업계 전체가 신유통혁명의 물결에 말려들게 된다.

뉴리테일러화에의 진행은 소매업계의 그러한 움직임과 병행하여 나타난다. 이리하여 아마도 서기 2,000년에는 뉴리테일러 시대가 되어 있을 것이다. 그 때에 일본에서는 20~30의 뉴리테

일러군(群)이 소비생활 수요의 70~80％를 차지하게 되어 있을
것이 틀림없다. 적어도 그 방향으로 나아갈 것만은 틀림없을
것이라고 생각된다.

52. 세상이 급변하고 있다

지금까지 일본의 소매업이 어떻게 변하는가를 신유통혁명으로의 움직임이나, 뉴리테일러화로의 움직임을 중심으로 설명한 셈인데, 변하는 것은 물론 소매업만이 아니다. 지금은 세상 그 자체가 급속히 변해가고 있다. 그 변하는 상태는 비정상적이라고 말해도 좋을 정도이다.

첫째로, 예를 들면 도쿄를 중심으로 한 대도시에서의 지가(地價) 폭등이 있다. 특히 도쿄에서의 지가 광란 상태는 비정상일 수 밖에 없다.

또, 일본 전체의 인구 증가율이 제로 퍼센트에 가까워지고 있고, 특히 엔고 불황이나 탄광 폐쇄, 공장 폐쇄 등으로 지방 시 군면에서의 인구가 극단적인 감소 경향을 보이고 있는 가운데, 대도시권이나 지방 중핵도시, 그 중에서도 도쿄권으로 인구가 크게 집중화 되고 있다는 것도 비정상이다.

물론 땅값이나 인구 문제만이 아니다. 대체적으로 정보를 포함하여 모든 것이 도쿄를 향해 외골수로 집중되고 있다고 하는 현상도 비정상인 것이다.

그리고 횡행하고 있는 금전 지상주의, 이것도 비정상적이라고 말하지 않을 수 없다.

세상은 이상한 방향으로 급변하고 있다

나의 주위에는 대단히 육감(六感)이 좋은 친구가 많은데, 그들도 한결같이 현대사회를 비정상이라고 판단하고 있다. 누구 한 사람도 정상이라고는 보고 있지 않다. 그리고 진자(振子 : 흔들이)와 같이 비정상의 방향으로 흔들리는 것은 반드시 정상으로 되돌아 온다고 한다. 비정상인 방향으로 극단적으로 흔들리는 그것이 되돌아 오는 상태도 극단적이다. 단숨에 되돌아 온다.

그때 일어나는 것이 경제 공황, 머니 패닉(moneg panic)이다. 금전 지상주의 때문에 비정상적으로 부풀어 오른 돈. 그것은 물건의 뒷받침이 없는 돈이므로 어느 순간 갑자기 시들어 버린다. 그 과정이 머니 패닉인 것이다. 일어난다고 하면 그것은 그리 먼 장래가 아니다.

물론 이같은 급격한 변화가 일어나지 않는 것이 좋다는 것은 분명한 것이다. 그러나 일어날지도 모른다. 일찌기 경제 공황을

겪은 1929년과 같이, 주식이나 땅값이 단숨에 5분의 1, 6분의 1로 하락할 가능성도 있다. 적어도 있다고 하는 것을 전제로 하여 전략을 세우고 대책을 강구해 두지 않으면 안된다.

　우선 내가 알고 있는 한, 일본의 경영인 8할 정도는 그런 예측 하에서 지금 대책을 강구하고 있다는 것만을 말해 두겠다.

　그런 변화의 시대에 지금 우리는 살고 있는 것이다.

53. 지금은 비상시기이다

　물론 세상이 변한다고 하더라도 모든 것이 비정상적인 방향으로 움직이고 있는 것은 아니다. 한편으로는 초전도(超電導) 등도 그러하지만 '이것은 진짜이다' 하고 생각되는 멋진 발명과 발견이 속속 세상에 나오기 시작하고 있다. 이런 진짜가 계속 나오고 있다고 하는 것은 그것과 결부된 메이커가 살아 남기 위해 도움이 될 뿐만 아니라 세상을 위해 그것 자체가 대단히 멋진 일이라고 생각된다.

　그러나 이러한 '진짜'가 나오기 시작했다고 하더라도 세상 전체의 변화가 비정상적인 방향으로 크게 흔들리고 있다는 사실에는 변함이 없다. 소매업도 변하고 있으며 세상 그 자체도 급변한다. 이러한 시대를 비상시(非常時)라고 한다. 이제까지는 평상시였다. 역사적으로 볼 때, 평상시와 비상시는 반복적으로 나타난다고 할 수 있다. 그야말로 역사는 되풀이 되는 것이다.

　이를테면 일본의 예를 들어 메이지(明治) 이후의 연대순을 보자. 우선 페리(perry : 미국의 해군제독)가 배로 일본에 와서 개항(開港)한 이후, 일로전쟁(日露戰爭)이 끝난 메이지 38년 경까지의 일본은 틀림없이 비상시기였다. 그러나 그 뒤 다이쇼(大正)시대를 거쳐서 쇼화(昭和) 5년(1930년) 까지는 평상시였

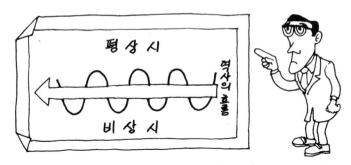

역사적으로 보면 평상시와 비상시가 반복적으로 나타나고 있다

다고 할 수 있다. 그러나 이어서 세계 대공황에 말려든 1930년 경부터 태평양 전쟁을 거쳐 전후 10년 남짓, 아마도 1958년 경까지는 분명히 비상시기였다고 볼 수 있다. 또한 그 뒤, 1985년경까지가 평상시였다. 그리고 바야흐로 1985년 경부터 서서히 비상시로 들어서고 있는 것이다.

비상시와 평상시란 전연 다르므로 그것에의 대응책도 전연 달리하지 않으면 안된다. 예컨대 쇼지(上智) 대학의 와다나베 쇼이찌(渡部昇一) 교수는 그것에 관해 다음과 같은 뜻을 말하고 있다.

일본의 역사로 비유한다면, 대표적인 비상시기는 센고꾸(戰國) 시대, 대표적 평상시는 에토(江戶) 시대이다. 센고꾸 시대에는 예컨대 다께다 신겐(武田信玄)과 같이 아들이 아버지를 내몰고 한 나라의 주인이 되는 등, 하극상의 풍조가 일반적으로 있었고 더구나 그것이 당연한 것으로 인정되고 있었다. 가장 힘있는 자를 톱으로 두지 않으면 그 그룹 전체가 존재할 수 없고, 그렇게 되면 그 그룹의 성원은 살아갈 수 없거나 가령 살아 있더라도 비참한 꼴을 당하지 않으면 안되었기 때문이다.

이와는 달리, 평상시의 대표인 에토 시대에는 능력은 어떠하든

장남이 자리를 물려받는다고 하는 제도나 엄격한 신분제가 실시되었다. 경쟁적인 정치 능력을 발휘하거나 제도적인 변화를 일으키거나 하면 평상시의 안정이 무너지고 말기 때문이다. 그래서 국민들의 관심은 다른 잡다한 평화적인 것에 옮아가고 이 시대 특유의 서민 문화가 꽃피웠다.

이상이 와다나베 교수의 의견 개요인데 나도 전적으로 동감이다.

54. 조직체를 비상시형으로 바꿔라

그런데, 현재는 비상시이다. 비상시에는 그 나름대로의 체제를 갖추지 않으면 안된다. 회사의 조직도 당연히 비상시형으로 변경해야 한다.

그런데 지금 일본의 사회 체제는 어느 편인가 하면 평상시형이고 기업의 경우도 평상시형을 벗어나지 못한 케이스가 많다.

예를 들면, 1945년의 패전부터 10여년 동안 당시의 일본은 비상시였다. 이에 대해 일본의 사회제도도 탁월하게 비상시 체제를 취했다고 할 수 있다. 패전 후, 일본에서는 신분제도와 재산제도를 포함하여 서열 제도가 무너지고 평등한 제로의 처지에서 출발했다. 지주나 문벌이나 학력도 관계가 없고 국민 모두가 살기 위해 전력 투구로 일하지 않으면 안되었다. 비상시 체제의 핵심이다. 참으로 능력이 있고, 하려는 의욕이 있는 사람은 충분히 실력을 발휘할 수 있고, 또 그것이 받아들여지는 것 같은 체제였다고 할 수 있다.

또 전전(戰前)과 달리, 자유 경쟁의 시장 원리가 도입되면서 더구나 미국이라고 하는 모델로부터 여러가지의 자본주의 원리를 크게 배울 수가 있었다. 당시의 일본인은 참으로 잘 배우고 잘 일했던 것이다. 그것이 비상시의 일본에 훌륭히 공헌했고,

**평상시 체제를 비상시
체제로 바꿔라**

크나 큰 성과를 올릴 수가 있었
다. 그것은 국가적으로도 바람직한
사회 현상이었다.

그러나 1960년대부터 사회가
안정되고 평상시로 이행함에 따라
일본에는 연공서열형(年功序列
型) 종신 고용제도, 자격제도 도입
에 따른 친절형 지도자가 각광을
받게 되면서 사원복지형 운영법
등의 평상시 체제가 서서히 침투되
고, 1970년부터 80년대에 걸쳐서
일본의 사회제도는 완벽하게 평상
시 체제를 갖추게 되었다. 그리고
그것이 비상시로 들어선 현재까지
계속되고 있는 것이다.

그러나 조직 체제는 세상의 움직
임에 맞추어 바꾸지 않으면 안된
다. 비상시기에 있으면서도 평상시
체제를 동경하는 기업은 아마도
보기좋게 패배를 맛보게 될 것이
다. 그래서는 곤란하다.

현재가 비상시기라고 한다면,
2차 대전 패전 후 10년동안에 일본
이 강구했던 것과 같은 체제를
지금 우리가 모색해야 하지 않을
까. 즉 열심히 일하는 사람이 보상
을 받는 체제, 혹은 조직체에서 가

장 능력있는 사람이 지도자로서 충분히 실력을 발휘할 수 있는
체제를 만들어 나가야 하지 않을까. 그것이 지금의 시대적 흐름
이다.

55. 전 사원을 씩씩하게 만들 것

앞에서도 강조한 바와 같이, 비상시에는 이에 걸맞는 체제를 취해야 하는데, 그러기 위해 필요한 것은 첫째로 사람의 육성이다. 지도자는 물론이고 조직 성원, 사원 전부를 강인하고 씩씩하게 만들지 않으면 안된다.

제1장에서 한국의 삼성 그룹에 관하여 조금 언급했지만, 한국인의 인간 육성에 관한 사고방식은 극히 명쾌하다고 할 수 있다. 사람은 그 능력과 교육 방법에 따라서 ① 인재(人財) ② 인재(人材) ③ 인죄(人罪)의 어느 것인가로 분류된다는 것이다. 즉, 능력이 있는 사람을 열심히 연마시키면, 혹은 능력 있는 사람이 열심히 하려는 의욕이 생기면 그 사람은 인재(人財)가 된다. 단, 능력이 없는 사람을 열심히 단련하거나 혹은 능력이 없는 사람이 열심히 하려는 의욕을 갖게 되면, 그 사람은 인재(人材)가 되지만, 능력이 있고 없고를 따질 것 없이 그 사람을 연마시키지 않으면 혹은 본인이 하려는 마음이 없으면 그 사람은 인죄(人罪)가 된다고 하는 사고방식이다. 그리고 삼성 그룹에서는 모든 사원을 인재(人財)로 만든다고 한다.

비상시에 필요한 것은 바로 이것이다. 적어도 전사원을 씩씩하게 연마시키고, 인재(人財) 또는 인재(人材)가 되지 않으면 안된

비상시는 강한 인간을 만든다

다.

그 점에서, 지금 극히 신경에 걸리는 것 가운데 하나는 1920년대와 현재와의 상태가 너무나도 닮았다고 하는 것이다. 1920년대는 한마디로 말해서 여자가 강하고 남자가 약했다. 여자가 술이나 골프를 즐기고 남자의 화장이 유행했다. 또 커피 맛이나 그림과 음악에 조예가 있는 것이 당시의 엘리트 조건이었다. 영화 잡지가 유행하고, 남자 배우나 여자 배우의 사생활을 폭로하면 날개돋친 듯이 팔렸다. 레코드가 잘 팔리고 축음기가 보급되었다. 원리·원칙 등에 대한 공부에는 남자 패션이나 카페 등에 정신없이 몰두했다.

이것은 너무나도 현재와 비슷하지 않은가. 이같이 강인하지 못한 사람들은 다가오는 비상시에 충분히 대응하지 못하고 불행한 생애를 보내지 않으면 안되었던 것인데 그런 점을 지금 곰곰히 생각해 보기 바란다. 문화나 잡다한 일에 열중하고 관심을 갖는 것이 결코 나쁜 것은 아니지만, 그런 것들에 넋을 잃거나 본질을 외면하면, 이윽고 멀지 않은 장래에 의외로 큰 낭패를 보게 될 것이다.

　사원 전부를 개인의 능력 여부와는 관계없이 충분히 살아갈 수 있게, 비상시에 강한 인간을 육성하는 것이 무엇보다도 지금 필요하다는 것을 여기서 다시 한번 강조하는 것이다.

56. 4가지의 습관화

비상시 체제를 구비한다고 하는 것 가운데는 이밖에 1등 상품을 가질 것, 시류적응을 위한 변환자재(變換自在)의 체질을 가질 것, 매사에 신속히 대응할 수 있을 것, 밸런스를 잃지 말 것 등도 포함되지만, 여기에 관해서는 이미 언급한 것도 있고 앞으로 언급할 것도 있으므로, 이 정도에서 끝내기로 한다. 그렇지만, 비상시인 지금 우리가 하여야 될 것 중 첫째는, 이제까지 말해 온 것과 같은 비상시 체제를 구비해야 한다는 것을 우선 인식해 둘 필요가 있을 것이다.

비상시에 하지 않으면 안되는 두번째 중요 포인트, 그 대응책은 ① 일하는 버릇, ② 배우는 버릇, ③ 절약하는 버릇, ④ 돈버는 버릇의 4가지를 습관화 하는 것이다.

내가 이 4가지의 습관화에 대해서 귀찮게 말하게 된 것은 3년 쯤 전부터인데, 그것은 크게 발전하고 있는 기업, 돈을 벌고 있는 회사에는 이 4가지 습관이 모두 구비된 것을 알아차렸기 때문이다.

이같은 충고는 누구에게나 할 수 있는 것인데, 이를테면 일본이 이제까지 크게 발전해 온 것은 이 4가지의 버릇이 두루 갖추어져 있었기 때문이라고 할 수 있다.

급성장하는 회사는 4가지 습관을 가지고 있다

3년 전의 1월, 후나이 총연 (總研)의 사옥 바로 옆에 스미 도모(住友) 부동산 시바 공원빌 딩이라고 하는 큰 건물이 오픈 되고 니혼전기(日本電氣) 회사 가 전세로 입주하였다. 우리 후나이 총연의 빌딩에서 잘 보이므로 쉽게 관찰되었는데, 결과적으로 이 회사의 사원들이 놀랍게 일하고 있는 것을 알 수 있었다.

이 회사만이 그런 것은 아니 다. IBM이나 후지쓰(富士通) 나 마쓰시다(松下) 전기에서도 모두 그런 것이다. 더욱 자세하 게 조사해 보면, 돈을 벌고 발전 하고 있는 대기업의 샐러리맨들 일수록 모두가 열심이고 철저하게 연구하고 있다는 사실을 알게 되었다.

늦게 자고 늦게 일어나는 게으른 습관이 몸에 배고 별로 공부도 하지 않는 극히 일반적인 대학 생활을 보내 온 사람들이, 이러한 회사에 들어온 순간부터는 이처럼 지독하게 일하는 인간으로 변신하는 것은 어찌 된 일일까.

57. 대기업들은 왜 열심히 일하는가?

니혼전기(日本電氣)와 후지쓰(富士通)의 신입사원 몇 명인가를 대상으로 근무 실태에 관해 물어본 적이 있다. 놀라울 만큼 잘 일하고 있다는 것을 알았으나, "그래도 이런 생활 습관이 충실되고 즐겁습니다"고 하는 것이 그들의 대답이었다. 그러면 어째서 그처럼 일하는가. 이것도 조사해 보자,

① 대기업에서 근무하고 있다는 프라이드가 있기 때문에.

② 사풍(社風)으로서 일하지 않을 수 없는 분위기가 있기 때문에.

③ 열심히 일하는 사람과 일하지 않는 사람, 능력을 발휘하는 사람과 능력을 내지 않는 사람의 경우, 10~20년이 지나는 동안에 대기업일수록 큰 차이가 생기기 때문에.

라고 하는 것인 듯하다. 그 밖에 일하는 보람이라든가, 일 자체가 즐겁다고 대답한 사람도 많았다. 한마디로 말해서 "학생 시절에는 헛된 4년을 보냈다"고 하는 것이 그들의 대답이었다. 그런데 여기서 문제가 되는 것은 중소기업이다. 중소기업에서는 무엇보다도 프라이드를 가질 수 없다고 하는 사람도 많다.

그런 곳에 근무하면서, 대기업과 같이 4가지의 버릇을 습관화하는 것은 어려운 일이라고 할 수 있을 것이다. 그러나 중소기업

②노력하지 않을 수 없는 사풍

①대기업에 근무하는 프라이드

프라이드

사풍

기업체 사원이 열심히 노력하는 이유는?

③일을 많이 할수록 차이가 난다.

차이

일지라도 발전하고 있는 회사에서는 역시 잘 일하고 잘 배우며 그리고 돈버는 버릇, 절약하는 버릇을 가지고 있는 것이다.

예를 들면, 내가 고문으로 있는 쇼후까이(松楓會)라고 하는 모임이 있다. 지방의 톱 클라스 의류품 도매상의 사장들이 회원이고, 1년에 2번 모여서 공부를 하자고 하는 극히 진지한 모임이다. 다까라쓰까(寶塚)에 쇼후가꾸(松楓閣)라고 하는 훌륭한 여관이 있고 여기서 처음으로 모임을 가졌던 인연으로 쇼후까이(松楓會)란 이름을 붙인 것인데, 구체적으로 말하면 규슈(九州)에서는 마루후꾸(丸福) 상사의 도베다(戸部田) 사장, 시고꾸(四國)에서는 나까(中) 상사 나까(中) 사장, 쥬고꾸(中國)에서는 도와(十和)의 오야마(尾山) 회장, 또 다까사기(高崎)에 있는 고꾸고(國光)의 요시노(吉野) 사장 등이 멤버로 되어 있다.

　이런 사장들이 중소기업에서는 4가지의 바람직한 습관을 들이기 위해 어떻게 하면 좋은지, 매우 오랜 시간에 걸쳐서 검토를 하고 그 해답을 만들어 주었다. 어떤 해답이 나왔는가. 그것을 다음에 소개하겠다.

58. 중소기업의 4가지 습관화

중소기업에서 4가지 버릇을 길들이기 위해서는 첫째로 윗사람이 아랫 사람을 철저하게 사랑해 주는 일이다. 그것도 될 수 있는대로 정이 들게 사랑해 주는 것이 좋다. 그러기 위해서 중요한 것이 커뮤니케이션이다.

예컨대 급료 등은 은행에 불입하는 것이 아니라 사장 자신이 손수 건네주는 것이 좋다. 인원수가 많은 경우에는 계장 이하 정도는 부장이 건네주게 되는데, 그때에도 '수고했다'고 하는 사장의 한마디가 씌어 있다면 효과적일 것이다. 사장이나 부장이 인정해 준다고 하는 정감 넘치는 느낌이 하겠다는 의욕을 부채질하는 것이다.

둘째로 필요한 것은 소문이나 인기(人氣)이다. '그 회사는 좋은 회사다.' '그곳은 틀림없다'고 하는 소문이 나도록 할 것. 그런 평판이 중요한 것이다.

그러면 그런 인기는 어데서 나오는가. 처음에는 스스로 이끌어 내는 수밖에 없다. 즉 스스로가 '우리 회사는 좋은 회사다', '우리 사장은 좋은 분이다'고 소문을 내는 것이다. 남은 모르기때문에, 혹은 미묘한 경쟁심 같은 것 때문에 좋은 평판을 말하지 않는 경우가 있으므로 스스로가 먼저 소문을 내고 그런 분위기를 만들

사장 다음의 간부들이 사풍을 만든다

라고 하는 것이다.

입 밖으로 내놓은 말은 그대로 실현되기 쉽다. '좋은 회사이다', '좋은 사장이다'라는 평판 속에서 정말로 그렇게 된다. 인기라고 하는 것은 이렇게 하여 스스로 만들어 가는 것이다.

셋째로, 사장 다음인 중역이나 간부 사원들이 문제가 된다. 사장이란 본래 4가지 버릇은 가지고 있는 법이다. 그렇지 않고서는 사장이 될 수 없기 때문이다. 따라서 사장이 아니라 사장의 다음 사람들이 문제가 된다.

중급 이하 사람들은 사장의 다음 사람들 눈치를 보면서 움직이는 경우가 많다. 따라서 회사도 그렇게 움직이며 그것이 사풍으로 정착된다.

예를 들어 매일 사장이 아침 7시에 출근하고 있다고 하자. 그럼에도 불구하고 사장의 다음 간부가 9시 반에 출근한다고 하면, 다른 부하들도 우선 9시 반 이전에 출근하는 일은 없게 된다. 반대로 사장의 다음 중역들이 6시 반에 출근한다면 부하들도 또한 그것을 닮게 될 것이다.

　요컨대, 사장의 다음 사람들이 핵심인 것이다. 그 사람들이 어느 정도 능력을 발휘하여 일하는가, 어느 정도 노력하는가, 어느 정도 절약하는가, 어느 정도 돈을 버는가. 그것이 문제가 되는 셈인데, 그런 점을 철저하게 훈련시키면, 중소기업도 틀림 없이 발전할 것이다.

59. 편안한 회사 구조

4가지의 습관화에서 또 하나 중요한 것은 종업원이 안심하고 일할 수 있는 회사 구조이다. 이 같은 구조가 없으면 열심히 일할 의욕이 종업원에게서 나오지 않는다. 그러면 그것은 어떤 구조인가.

일반적으로 종업원이 가장 걱정하고 있는 것은 정년 퇴직으로 회사를 그만 둔 다음의 생활이다. 중소 기업의 경우는 특히 그러하다. 따라서 이 불안을 어떻게든가 제거해 주지 않으면 안된다. 그러기 위해서는 20세에 입사하고, 35년 동안 근무한 뒤, 55세에 정년을 맞았다고 할 때, 최소한 현재의 화폐 가치로 5,000만엔 받고 여기에 죽을 때까지 매월 10만엔씩 지불한다는 보증이 필요한 것이다. 그렇게 되면 거의 안심이 된다. 그런 구조를 만들라고 하는 것이다.

그런 구조가 단단히 확립되어 있다면, 종업원도 불안감 없이 의욕적으로 근무하게 되고 도중에 다른 회사로 옮겨 가려는 생각도 일어나지 않게 된다. 생명보험 회사의 퇴직 보험제도를 잘 활용하면 의외로 간단히 될 수 있을지도 모른다. 그런 것도 연구 대상으로서 검토해 볼 필요가 있을 것이다.

4가지의 습관화를 위해서는 또 회사를 계속 발전시키게 하는

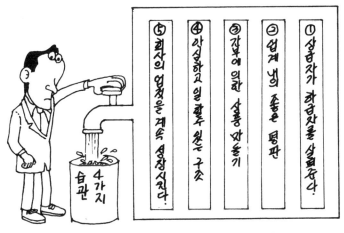

4가지 습관 만들기의 조건

것도 중요하다. 매상이나 이익도 계속 신장시키지 않으면 안된다. 업적이 한번이라도 떨어지면 4가지 버릇은 곧 어디론가 사라져 버리기 때문이다.

이상이 쇼후까이(松楓會) 사장들이 대답해 준 중소기업에서도 4가지의 버릇 들이기가 가능하다고 하는 조건들이다. 거듭 말하면 ① 윗사람이 아랫 사람을 애정을 가지고 대한다, ② 인기＝업계 내에서의 좋은 소문, ③ 사장 다음의 간부 사람들을 중심으로 한 좋은 사풍 만들기, ④ 안심할 수 있는 구조, ⑤ 회사의 업적을 계속 발전시킬 것──이상의 5가지 조건이 필요하다고 할 수 있는데, 나도 이것에 전적으로 동감하고 있다.

이상과 같은 조건이 구비되면, 사원이 회사 전체보다도 자기가 소속한 부서의 문제를 소중히 하거나 혹은 소속된 부서보다도 자기 자신을 소중히 생각하는 일이 없어지고 전 사원이 회사라고 하는 전체의 이익을 우선 생각하며 행동하게 된다. 또 좋다고 생각하는 것은 곧 실천으로 옮기며 나쁘다고 알게 된 것은 곧 중지하는 시스템을 만들기 쉽다.

그런 점에서 4가지의 버릇은 저도 모르는 사이에 기업 체질이 되어 정착되는 것이다.

60. 올바른 예측을 위한 구조를 만들것

이제까지 비상시에 강구하지 않으면 안되는 대책의 하나로써 비상시 체제를 구축하여야 되고, 둘째로 4가지 버릇의 습관화를 강조해 왔으나, 여기서는 셋째로 올바른 예측법의 필요성에 관해 언급해 두지 않을 수 없다.

장차 어떻게 될 것인가 하는 전망에 대한 예측은, 지금 대단히 중요하다. 이 경우 몇 가지의 방법이 있겠는데, 그 하나는 우선 미래 예측에 탁월한 육감(六感)이 좋은 사람들의 세트워크를 만든 다음 여기에서 자기의 위치를 점검해 보는 것이다.

내가 알기에는 경영자, 특히 창업자이면서 사장이라고 하는 사람이 가장 육감이 좋다. 그들은 매스커뮤니케이션의 인터뷰에서 대답할 때와는 조금 다른 속마음을 가지고 있다. 그러므로 육감이 좋은 경영자들과 적극적으로 교류하고 그 네트 안에서, 그들의 속셈을 들을 수 있는 구조를 만들어 두는 것이 필요하다. 요컨대 육감이 좋은 사람, 정보를 잘 알고 있는 사람과 어울릴 것, 혹은 올바른 정보가 들어오는 네트로 들어갈 것, 그와 같은 정확한 정보가 들어오는 구조를 만드는 일이다.

예를 들면, 인튀티브 컨센서스법이라고 하는 것이 있다. 인튀션이란 직감력이라고 하는 뜻이고 생각하지 않아도 순간으로

미래를 정확히 예측한다

예측할 수 있는 능력, 더구나 그 예측이 들어맞는 능력을 가리킨다. 많은 경험을 쌓고 많은 지식을 흡수하면서 규격화 능력이 몸에 익숙한 사람에게 이와 같은 직감력 소유자가 많은데, 이러한 직감력이 뛰어난 사람들의 컨센서스(일치)에 의하여 예측하는 것이 인튀티브 컨센서스법인 것이다.

이것은 거의 틀림이 없다. 예를 들어, 내년의 유행색을 예측하고 싶은 경우, 과거의 유행색 예측에서 실적이 있는 몇 사람의 전문가를 모이게 하고 직감으로 대답하게 한다. 그것들을 통계적으로 정리하면, 내년의 유행색에 관한 올바른 예측을 얻을 수 있는 것이다.

올바른 예측을 얻기 위해서는 그 밖에 피부로 느낄 것, 올바른 데이터를 많이 모을 것 등이 필요하지만 이것들에 관해서는 특별히 설명할 필요가 없을 것이다.

그런데 위에서 비상시에 필요한 대책에 관하여 몇가지를 말해 왔지만, 비상시의 대책으로서는 또 한가지 중요한 것이 있다. 비상시일수록 될 수 있는대로 원리·원칙에 따르라고 하는 것이 다.

그러면 원리·원칙이란 무엇인가.

그것에 관해서는 다음 장에서 자세하게 설명하기로 한다.

제 4 장

후나이식 원리
· 원칙의 경영

61. 시류적응과 1등 확보가 대원칙

앞장에서도 강조한 바와 같이 지금은 비상시이고 경영적으로 보아도 촌음의 방심도 허용되지 않는 어려운 시대이다. 이러한 때일수록 우리는 원칙에 따라서 행동하지 않으면 안되고 원칙이 무엇인가를 인식하지 않으면 안된다. 그것 자체가 하나의 중요한 원칙이고 비상시기에의 대응책인 것이다.

그러면 원칙이란 무엇인가, 하는 것이 문제가 되겠는데 그것은 한마디로 말할 수 있는 단순한 것이다. 이를테면 이제까지 이 책에서 말해 온 것은 모두가 사물의, 혹은 경영의 원리·원칙이라고 바꾸어 말할 수도 있다. 그런 뜻에서 이제부터 이 장에서 말하려는 것은 이제까지 이 책에서 언급되지 않았던 원리·원칙 혹은 반드시 강조하거나 보완하거나 하지 않으면 안되는 원리· 원칙의 설명이라는 것이 될 것이다.

맨 먼저 경영의 대원칙부터 말하고자 한다.

경영에는 '시류에 적응하든가, 1등이 되었을 때, 경영체는 업적을 올릴 수가 있다'고 하는 대원칙이 있다. 시류에 적응하면 1등이 아닐지라도 그것만으로 충분히 업적을 발전시킬 수 있고 또 1등이 되면 시류에 적응되지 않더라도 대체로 업적이 신장되기 때문이다. 물론 시류에도 적응하고 동시에 1등도 되는 것이

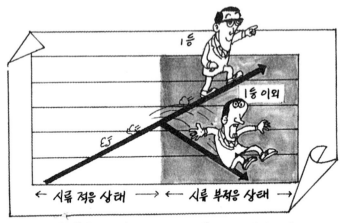

시류 적응 상태 → ← 시류 부적응 상태 →

시류 부적응 상태에서는 1등만이 성장한다

최선임은 말할 나위가 없다.

시류 적응이란 그 시점에서 대중의 수요에 맞는 것 즉, 수요가 많은 것, 혹은 수요가 늘어나는 것과 어울려 조화를 이루는 것이다. 수요 과잉 상태인 때는 웬만한 일이 아닌 이상 무엇이거나 원활한 상태로 진행하는 법이다.

그러나 이윽고 수요 과잉은 공급 과잉으로, 시류 적응 상태의 것은 시류 부적응 상태의 것으로 반드시 변화하는 숙명을 가지고 있다. 그때 살아 남는 것은 각각의 분야에서 1등의 기능을 가지고 있는 곳뿐이라고 해도 된다. 1등의 기능이 있으면 고객을 끌어당기기 쉽고 또 고객에게 접근하기 쉬우며 게다가 고객을 고정화 하기 쉽기 때문이다. 몇번이나 말했듯이, 공급 과잉때, 고객은 1등 상품, 혹은 1등의 가게로만 집중했다.

따라서 우리에게 필요한 것은 언제나 시류적응의 것을 계속 찾는 것이고 동시에 그것이 시류 부적응으로 변했을 때도 살아 남는 대책, 즉 1등이 되기 위한 방법을 모색하고 그것을 위한 노력을 지속하는 것이라고 할 수 있을 것이다.

62. 이익의 4가지 조건

1등 상품을 갖는 것, 혹은 1등이 되는 것은 마케팅의 기본 원리이고 이익을 낳고 기업을 번영하게 하는 가장 중요한 포인트가 된다.

일반적으로 경쟁이 격심할 때, 2등 이하의 상품이나 2등 기능을 아무리 구비해도 1등 품질이 하나도 없다면, 업적을 올리는 것이 불가능하다고 보아도 된다. 반대로 1등이 하나만 있다면 고객이 모이고 장사는 번성하며, 이익이 생기게 된다. 그러나 1등만으로 안되고 가령 1등이 있는 경우일지라도, 그것 이외에 2등 이하의 상품이나 기능도 풍부하게 갖추고 있는 것이 매상과 이익을 동시에 올리는 경우가 많다.

일반적으로 이익은 다음과 같은 공식에 의하여 나타나는데, 이 식은 이상과 같은 원칙을 반영한 것이라고 할 수 있다.

이익=1등의 수×취급 물품의 수×주도권×일체성

1등은 한 품목이라도 더 많은 것이 좋고 다루는 물건도 많을수록 좋다. 주도권을 장악하지 않으면 곤란하고 회사도 하나의 컨셉트 밑에 일체화 되지 않으면 안된다. 이 4가지가 이익의 근원이라는 것을 앞의 공식은 나타내고 있다. 요컨대 이 4가지 조건을 어떻게 만들고 어떻게 조화시키느냐 하는 것이다. 그것이

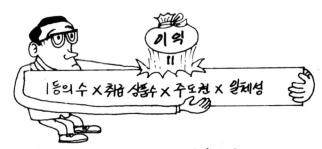

이익을 위한 절대조건을 파악한다

이익을 낳게 하는 근원이고, 또 그것이 경영의 원칙이기 때문이다.

물론 이익의 참된 요인은 4가지의 조건 이외에도 여러가지가 있을 것이다. 그러나 이 4가지야말로 이익을 위한 가장 중요한 절대 조건이라고 생각해 주기 바란다. 즉, 이 4가지의 조건을 충족시키면 다른 많은 이익 요인도 갖추게 되는 법이다.

여기에서 '1등의 수'라고 하는 것은 시장에서 1등으로 인정받는 상품이나 시스템을 몇 가지 가지고 있느냐 하는 것이고, '취급하는 물품의 수'란 시장에서 '저 기업의 주력 상품은 이것이다'라고 인정받는 상품이나 시스템을 몇 가지 가지고 있느냐 하는 것이다.

또 '주도권'이란 유통상의 주도권, 즉 가격 결정권과 거래 조건의 결정권을 가리키며, 이 주도권이 없으면 1등이나 취급하는 물품이 아무리 있더라도 이익이 되지 않는다.

그리고 '일체성(一體性)'이라는 것은 회사가 기본적으로 하나의 철학이나 사상으로 통일되어 있다는 것을 말한다. 이것이 없으면 1등이나 취급 물품이 얼마가 있건, 혹은 주도권이 있더라도 이익이 나오지 않는 것이라고 생각해 주기 바란다.

물론 공식에서도 알 수 있듯이, 이익은 4가지 조건을 곱(×)

했을 때 결정되는 것이므로 어떤 요인이 빠지면 이론적으로는 이익액은 제로가 된다. 이 4가지 요인을 만족시키는 것이 이익을 위한 절대 조건이라고 내가 생각하는 것은 그 때문이다.

63. 1등 점포 전략과 포괄 이론

전항에서 말했듯이, 원리·원칙을 소매업의 분야에서 가장 충실하게 실천하고 있다고 여겨지는 한 가지가 백화점인 '소고의 전략'=1등점 만들기일 것이다.

'소고'의 1등점 만들기에 관해서는 이미 43 항에서도 언급한 바 있지만, 이것이 장사의 원리·원칙이나 '행운의 원리'에도 들어맞는 원리라고 생각할 수 있는 것은, 포괄(包括) 이론으로 뒷받침된 경쟁 수법을 확실하게 실천으로 옮기는 전략이기 때문이다.

포괄 이론은 후나이식 경영법 가운데 기본 중의 기본이고, 1등 점포로서 취해야 할 가장 올바른 전략이라고 할 수 있다.

예를 들어 하나의 상권을 상정해 보자. 가령 이 상권 내에 A, B, C라고 하는 3개의 가게가 있다고 하자. 각각 독자적인 상품 구비는 하고 있으나, 갖고 있는 역량은 거의 같다고 가정하기 바란다. 그런데 이 상권에 앞의 3 가게에 비해 압도적인 힘을 가진 D라고 하는 1등점이 출현하고 1등이 취해야 할 최선의 전략인 포괄 이론을 실천하면 대관절 어떻게 변화될 것인가.

D가 실천하는 포용성(包容性)이란 A에게나 B에게나 C에게도 있는 모든 상품을 갖출뿐만 아니라 그 위에 더욱, 이 3 가게가

모두 다루지 않는 상품도 겸해서 취급하는 것이다. 그렇게 되면 이미 알 수 있듯이 D의 압도적인 승리가 되고 이 경쟁은 끝날 것이다. 되풀이 해서 말하는 것 같지만 '경쟁이 심해짐에 따라서 손님은 보다 고객 지향적인 점포로 집중하기 시작한다. 즉 대단히 경쟁이 격심한 지역에서는 손님은 가장 고객 지향적인 하나의 공급체로 집중한다'고 하는 경쟁의 원리가 작용하기 때문이다.

여기서 말하는 가장 고객 지향적인 가게라는 것은, 상품이라고 하는 요소에서 생각하면 가장 물건 구비가 좋은 가게라는 것이 되지만, 그렇게 하기 위해서는 상권 내에서 가장 매장 면적이 넓은 지역 1등점이 아무래도 필요하게 된다. 즉 포괄 이론은 매장 면적이 상권 내에서 가장 큰 경우 취할 수 있는 전략인 것이다. 또 이것만이 경쟁의 원리에 알맞는 방법이라고 할 수 있다.

하나의 상권 안에서 강자와 약자가 싸우는 경우, 강자는 약자를 이와 같이 포괄해버리면 승리한

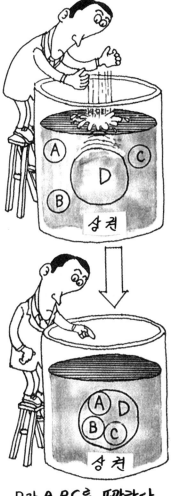

D가 A B C를 포괄한다

다. 그러나 약자가 살아 남을 수 있는 길은 강자가 약자를 살려 두려고 생각했을 때이거나, 약자 쪽이 강자 보다 훨씬 머리가 좋은 경우 밖에는 없다.

그러면 포괄 이론은 강자의 전략이고, 약자에게는 응용 불가능한 이론일까.

64. 약자는 부분적으로 포괄할 것

틀림없이 경쟁사회에서 강자는 약자보다도 절대적으로 유리한 처지에 선다. 강자=1등 점포가 그 최선의 전략인 포괄 이론으로 그 이하를 에워싸면 싸움은 강자의 승리로 끝나기 때문이다. 그런 뜻에서 에워싸기 이론은 어디까지나 강자의 이론이라고 해도 틀림없을 것이다.

그러나 약자에게도 승리할 챤스가 전연 없는 것은 아니다. 전체적으로는 약자일지라도 부분적으로 강자가 될 수 있다고 하는 것은 가능하다는 뜻이다. 즉 부분적으로 이긴다. 어떤 한가지 점에서 이긴다. 요컨대 그 부분, 그 1점에서 완전히 상대를 포괄하는 것이다.

작은 것일지라도 좋다. 어쨌든 우선 하나라도 이길 것. 그러기 위해서는 예컨대 소매점에서 말하면, 효율성이 높은 상품, 자신성이 있는 상품, 신장하고 있는 상품을 더욱 발전시키고, 1등의 상품을 만들어서, 그 상품에 관해서는 완전히 경쟁점의 그것을 포괄해 버리는 것이다. 그리하여 차례로 단계를 밟아서 하나라도 많이 1등의 상품을 늘려가고, 마지막에 가서 전체적으로 승리한다.

약자가 강자에게 이기기 위해서는 이처럼 하나씩의 국지전으

경쟁자의 허약한 부위에 자기의 모든 힘을 집중시킨다

로 이겨가는 길 밖에 없다.

　이런 때에 흔히 인용되는 것이 중국 혁명 때의 모택동의 전략·전술론이다. "우리의 전략은 하나를 가지고 열에 맞서는 것이고 우리의 전술은 열을 가지고 하나에 맞서는 것이다"라고 모택동은 말하고 있다. 즉 혁명 초에, 중국 공산당은 국민당이 가진 열의 힘에 대해 하나의 힘밖에 가지고 있지 않은 셈이었으나, 이 하나의 힘으로 열을 쳐부수고 혁명을 달성하는 것, 이것이 중국 공산당의 전략이었다. 그리고 개개의 전투 장면에서는 적의 약한 부분과 허술한 곳으로 자신의 군대가 가진 모든 힘을 집중시켜, 완전히 상대를 박살낸다고 하는 것을 그 전술의 기본으로 삼고 있었던 것이다.

　요컨대 전체적인 역학관계에서는 적의 10분의 1의 전력 밖에 없더라도 개개의 구체적인 국지전(局地戰)에서는 언제나 적보다 10배의 힘을 가지고 싸움에 임하는 것을 기본으로 삼고 있었다는

것이다. 이것은 바로 국지전에서의 1등주의이고 포괄 이론의
실천인 것이다.

어쨌던, 약자의 처지에 있는 쪽이 강자보다도 창의 연구와
풋워크(foot work)가 있다. 무엇으로써 상대편을 포괄하느냐
하는 것을 늘 생각하고 그것을 위한 노력을 게을리 하지 말아야
한다.

65. 압도적으로 1등이 되는 것이
   최고 전략

　전항에서 소개한 모택동의 말은 전체의 총합력에서는 적보다 아군 쪽이 훨씬 열세일지라도 개개의 국지전에서 적을 능가하는 병력을 집중할 수 있으면, 약자에게도 승리의 챈스가 있다고 하는 이른바 집중주의의 원리와 그 위력을 한편으로는 나타내고 있는 것이라고 할 수 있다.

　이 집중주의의 원리는 당연히 마케팅 면에도 적용된다. 그 적응되는 실례의 몇 가지에 관해서는 이미 33항에서 말한 바와 같거니와 어쨌거나 이 원리는 자기 회사가 절대적이거나, 혹은 총합적인 1등이 되기 위해서 취해지며 그 프로세스에서 없어서는 안되는 한 수단이라고 보아도 될 것이다.

　그리하여 차츰 자신력(自身力)이 붙고, 그 힘에 따라서 2등이 되어 갈 것. 그리고 될 수 있는대로 매스 메리트를 추구할 수 있도록, 즉 보다 대상권에서 보다 대중을 상대로, 보다 총합화된 상품을, 1등이라고 하는 조건을 채우는 범위에서 다루도록 가능한 한 힘을 쌓아갈 것. 이것이 마케팅 전략으로서는 가장 올바르다.

　이런 전략을 최고의 형태로 실천할 수 있는 것이 가장 힘 있는

압도적으로 1등점을 만들 것

1등, 절대적, 총합적인 1등인 것이다.

일반적으로 경쟁은 경쟁자의 한 쪽이 목적을 달성하고 다른 쪽이 단념했을 때 자동적으로 종결된다. 이것은 시장 경제에서도 변함이 없다. 그것을 소매점에서 말한다면, 경쟁 점포와는 비교할 수 없는 압도적인 1등점을 만드는 것이다. 그렇게 하면 경쟁 상대는 경쟁 의욕을 잃고 단념하게 될 것이다.

이기는 쪽의 전략으로서는 이처럼 경쟁 상대가 스스로 포기하게 되면 경쟁을 하지 않고 목적을 달성하게 되는 것, 즉 싸우지 않고 이길 수 있게 되는 것이 최고의 전략이다.

실제로 경쟁 상태와 이익의 관계를 보는 경우, 상대와 자신이 같은 정도의 힘을 가지고 있을 때 경쟁이 가장 심하고 또 이것은 경쟁 당사자들에게도 전혀 이롭지 못한 것이다. 그러면 경쟁자가 전혀없는 것이 좋은가 하면 그렇지는 않고 자기보다도 훨씬 허약한 경쟁자가 있을 때, 이익이 나오는 것이다. 그것은 자기 회사가 1등 점포이고, 경쟁자가 있기는 하지만 경쟁을 하지 않더라도

되는 상태를 경쟁 지역 안에 만들어 놓는 것이 최고의 경쟁전략
이라는 것을 뜻한다.

이같은 사실은 이론적으로나 혹은 오랜 경험에서도 뒷받침
되고 있다.

66. 하이 이미지를 주는 대중상법

전항에서 말한 바와 같이 압도적으로 1등이 되면, 그만큼 보다 큰 상권에서 보다 많은 손님을 상대로, 보다 종합화 된 상품을 다룰 수가 있고 매스 메리트의 추구가 가능하게 된다. 반대로 표현해서, 매스 메리트를 추구하려면 보다 많은 손님을 상대로 보다 종합화 된 상품을 다루지 않으면 안된다는 것이다.

장사는 이처럼 될 수 있는한 대중을 상대로 해야만 여러가지로 좋은 것이 사실이다.

물론, 대중 상대라고 해서 가게의 권위나 품위을 떨어뜨리거나 이미지를 나쁘게 해서는 안된다. 한편으로는, 가게의 품위와 이미지를 높게 유지하면서 동시에 손님인 대중이 쉽게 살 수 있는 것, 사고 싶은 것을 중심으로 상품을 갖추어 나가는 것이 중요한 것이다. 이것이 하이 이미지의 대중상법인 것이다.

구체적으로 말하면, 점포의 품위와 이미지를 분명히 떨어치면 안되지만, 그렇다고 하이 이미지만으로는 장사가 어렵다는 뜻이다. 하이 이미지의 것과 대중적인 장사법이 잘 균형잡혀 있지 않으면 안된다.

예를 들면, 고급 스테이크 레스토랑에서 파는 햄버거와 값싼 식당에서 파는 햄버거는 같은 햄버거일지라도 이미지가 다르

점포 전체는 하이 이미지, 취급품은 대중적인 상품군을…

다. 전자의 경우는 이미지를 높이는 여러가지 효과가 따르기 때문에 같은 대중 스타일의 상품군(商品群)일지라도 '고급 햄버거를 싸게 먹을 수 있는 것이 아닐까' 라고 생각하는 듯이, 손님쪽의 심리적인 견해가 달라진다. 이것이 중요한 점이다.

요컨대, 가게 전체로서는 하이 이미지를 유지하면서, 대중적인 상품군을 중심적으로 취급하는 것이다. 이와는 달리, 가게뿐만 아니라 취급하는 상품까지 모두가 하이 이미지로 고정화 되면, 지나치게 되어 오히려 마이너스가 될지도 모른다.

일반적으로 점포의 리뉴얼(renewal)이 실패로 끝나는 케이스가 많은 것은 리뉴얼에 의해 하이 이미지의 매장을 만들고 그것에 맞추어 상품까지 모두 하이 이미지 상품으로 제한하기 때문이다.

현재는 이미지가 나쁜 가게와 나쁜 회사에 사람들은 모이지 않고 따라서 경영도 뜻대로 되지 않는다고 하는 뜻에서 틀림없이 하이 이미지의 시대라고 할 수 있으나 그렇다고 해서 하이 이미지라고 하는 말에 중독되어 대중들이 바라고 있는 실용성, 기능

성, 사기 쉬운 가격 등을 무시한 상품 정책을 취하면, 이제까지의
단골 손님들까지 잃게 되는 결과로 끝나게 될 것이다.

67. 고객이 가장 바라는 것을 추구한다

전항에서도 말한 바와 같이, 틀림없이 현재는 가게의 품위나 이미지가 높지 못하면, 소위 대중 상품도 팔리지 않게 되어 있다는 것은 사실이다. 그러나 그렇다고 해서 이미지 상품만으로는 장사가 잘되는 것이 아니다. 하이 이미지가 붙은 대중상법의 필요성이 여기에 있는 셈인데, 이처럼 하이 이미지를 유지하면서 대중을 주대상으로 하고 있는 것과 같은 이른바 양다리를 걸친 균형적인 상태가 경영의 성공에 필요한 것이다.

마케팅의 기본 원리가 ① 역량에 상응(相應)하며, ② 1등이 될 수 있다는 2조건을 충족시키는 상권·상품·고객의 확보 방법에 있다는 것. 또 이 경우, 상권은 넓으면 넓을수록 좋고 상품도 종합화 할 수 있으면 할수록 좋으며, 대상도 될 수 있는대로 일반화 하는 쪽이 경영적으로 유리하다는 것은 반복할 필요조차 없다. 일반적으로 좁은 상권에서 취급 상품과 대상을 세그먼트하는 것은 능력이 없기 때문이며, 세그먼트 해서라도 그 가운데서 1등이 되지 않으면 경영이 어렵기 때문이다.

하이 이미지가 붙은 대중적인 장사 방법은 바로 마케팅의 이 기본 원리와 합치한다. 그것은 또 '소매업이란 손님이 가장 바라는 상품을 매입하고 최저 마진으로 제공하는 것을 목적으로 하는

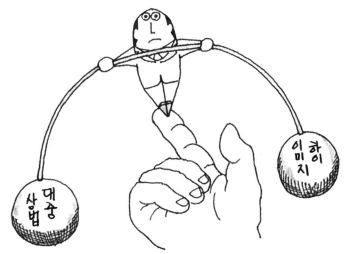

하이 이미지와 대중적 상법으로 균형을 유지

장사다'라고 하는 소매점 경영법의 핵심과도 모순되지 않는다.

취급 상품의 종합화, 서비스 등의 다양화야말로 고객이 바라는 것이고 그러기에 이것들은 경쟁에 이기기 위한 조건이 되는 셈인데 현재와 같이 경쟁이 심한 때일수록 보다 이러한 조건이 요구되고 있다.

일본의 소매업계 경쟁은 더욱 격화되고 있고 그 중에서도 살아남을지 어떨지 불안에 떨고 있는 것도 소형점일 것이다. 대형점의 존재는 그런 소형점에 있어서 위협적인 것은 말할 나위도 없다. 물론 연구 노력하고 있는 소형점에 있어서는 대형점이 결코 두려운 존재가 아니지만 현실적으로 대형점의 개점은 소형점에게 재미있을 리가 없다. 그런 소형점을 위한 대형점 대책으로서 흔히 제창되는 것이 전문화, 고급화의 방향이다.

그러나 전문화, 고급화가 만일 그것만을 지향한다고 하면 그것은 시류에 대한 역행이라고 하지 않을 수 없다.

틀림없이 전문화, 고급화를 지향하여 성공한 예는 몇 가지가 있다. 그러나 실패한 경우가 그 몇십배나 많다고 하는 현실을 잊어서는 안될 것이다.

68. 고객의 고정화법

    될 수 있는대로 취급하는 상품을 늘리고 싶다, 그리고 될 수 있는대로 손님 수를 늘리고 싶다고 하는 것은 후나이식 경영법의 출발점인 동시에 장사의 하나의 출발점이다.

    그러나 애써 새로운 고객을 늘리려고 노력하더라도 그것에 반비례해서 이제까지의 고객이 줄어 들어 결과적으로는 고객이 별로 늘지 않는 경우가 많다. 오히려 반대로 전체적으로는 줄어 드는 경우 조차 있다.

    물론 새로운 고객은 증가시키지 않으면 안된다. 그러나 그 때문에 이제까지의 단골 고객이 줄어들게 된다면 아무 것도 아닐 뿐만 아니라 도리어 마이너스이다.

    점포의 리뉴얼이 자칫하면 이제까지의 단골 고객을 줄어들게 하는 결과로 끝나게 되는 것은 이미 말한 바와 같다. 장사의 요령 이란, 이제까지의 고객을 고정화 하면서, 새로운 고객을 늘리고 게다가 이 새로운 고객까지도 고정화 해 가는 것이다.

    그런데 가게와 고객과의 관계에는 보통 ① 일반 고객, ② 아는 고객, ③ 친구 고객, ④ 믿는 고객의 4가지가 있다고 한다. ①은 처음 보는 고객, ②는 가게 사람과 고객이 서로 이름이나 얼굴, 혹은 살고 있는 곳 정도는 알고 있는 관계의 고객을 말하고, ③은

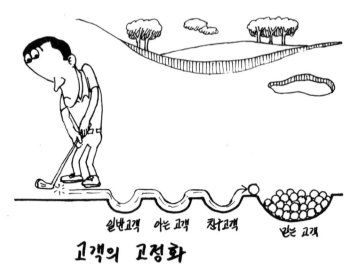

일반고객　아는 고객　친구고객　　믿는 고객

고객의 고정화

그 밖에 전화번호 정도는 알고 있고 때로는 서로의 취미까지 알고 있어서 전화로 무리한 것을 서로 부탁할 수 있는 관계의 고객을 말한다. 팬 고객이라고 바꾸어 말해도 좋다. 그리고 ④의 믿는 고객이란 고객이 그 가게에 매력을 갖고 있으므로, 그 가게에서 팔고 있는 상품은 특별한 일이 없는 이상 다른 가게에서는 사지 않는 고객을 가리킨다.

　고정 고객이란 이 가운데 '친구 고객'과 '믿는 고객'을 가리킨다. 장사에 있어서 일반 고객을 아는 고객으로, 아는 고객을 친구 고객으로, 그리고 친구 고객을 믿는 고객으로, 이같이 발전적으로, 고객과의 관계를 보다 친밀화 하고 고정화 해 나가는 것이 얼마나 중요한가 하는 것은 강조할 것까지도 없을 것이다.

　여기에는 '3회 안정의 법칙'과 '10회 고정의 법칙' 이라고 하는 2가지가 있다. 고객이 어떤 가게에서 비교적 짧은 기간에 3번 연속하여 만족하면 그 가게와 친구가 되고 계속적으로, 10번 만족하면 그 가게의 믿는 고객이 된다고 하는 원칙이다.

취급 상품의 종합화, 인간적 서비스 기능의 다양화는 바로 그 때문에 필요한 것이다. 바로 그것이 장사의 노하우이고, 정공법(正攻法)이며 현재의 시류인 것이다.

69. 병법이나 책략보다 정공법이 중요

경영의 원칙중 하나는 몇 번이나 말한 바와 같이 시류에 적응하는 것이다. 그러나 이 시류가 최근에 크게 변하고 있다. 예를 들면, 이제까지는 병법이나 책략이 크게 중요시되어 왔던 것에 비해, 그것보다는 정공법 쪽이 보다 효과를 올리게 되었다고 하는 것이 지금의 시류이다.

나는 본래 싸움이나 경쟁을 좋아했고 현실적으로 어떻게 하면 경쟁 상대를 이길 수 있을까 하는 어드바이즈를 하는 것을 직업으로 삼아 왔기 때문에, 당연히 그 방면의 프로로서 이제까지 고금(古今)의 병법 등을 철저하게 연구하고 실천하고 또 나름대로의 업적도 올려 왔던 것이다. 그러나 40살을 넘기는 무렵부터 이러한 병법이나 책략이 갑자기 헛된 것으로 여겨지게 되었다. 그 이유는 거의 무의미하게 느꼈기 때문인데, 진정으로 정면에서 모든 문제를 부딪혀 해결하는 것이 보다 시류에 맞는다고 생각되었다.

병법이나 책략이라고 하는 것은 자기의 정보를 상대편에게 가르쳐 주지 않고 속이고 위협하며, 부추겨 상대를 자기의 생각대로 유도하는 수법이라고 해도 좋다. 이것이 예로부터 인기가 있었던 것은 세상은 결과가 전부이고 따라서 승부에는 무슨 수를

병법이나 책략은 오늘날의 시류가 아니다

써서라도 이기지 않으면 안된다고 하는 생각이 우선하고 있었기 때문이다. 물론 승부에는 이기지 않으면 안된다. 그러나 이기기 위해서 수단을 가리지 않는다고 하는 것은 천지 자연의 이치에서 보더라도 잘못된 것이다. 이기더라도 이긴 뒷맛이 개운치 않고 패자의 기분도 더욱 나쁘기 때문에 반드시 화근을 남기게 되는 것이다.

이와는 달리 정공법이라고 하는 것은 상대방에게 이 쪽의 손바닥을 보이면서 당당하게 공격하는 것이다. 정공법은 상대보다도 훨씬 힘이 있지 않으면 할 수 없는 방법으로 알려져 있으나, 오히려 그런 것에는 대범해도 좋다. 작은 편이 큰 것에 대항하는 경우나, 약자가 강자에 대하는 경우라도, 나름대로의 정공법이 있는 것이다.

병법이나 책략보다도 정공법이 더욱 시류에 맞게 된 것은, 인간 세계의 의식 환경 수준이 발전되고 누구나가 이해하며 안심할 수 있는 수법 밖에 통용되지 않게 되었기 때문이다.

　이제까지는 힘을 앞세워 대책을 강구하고 약자를 착취하는 것이 승리자였던 것에 비해, 앞으로는 능력을 가지고 정공법으로 장사하며 약자를 도와주는 것이 현명한 승리자가 될 것이다. 자기 욕심에만 집착하지 말고, 보다 거시적(巨視的)으로 세상을 위해서 공헌한다고 하는 자세가 없으면 성공으로 연결되지 못하게 되었다고 하는 것이다.

70. 보다 매크로적인 선행을

인간은 무엇인가 활동하는 경우, 목적이 필요하다. 목적이 있으면 그것을 달성하기 위해 사람은 노력하게 되어 있고, 그것 없이는 노력을 지속시키기가 어렵다.

만일 그렇다고 한다면, 목적은 자기 욕심만을 달성하기 위한 작은 것이 아니라 보다 매크로(거시적)로 세상을 위해 공헌할 수 있는 것, 즉 인간성에 걸맞고 대의명분이 있는 것일수록 노력 하는 보람이 있다고 할 수 있다.

예를 들면, 자기가 관계하고 있는 사업을 통해 자기의 인간성 을 향상시키는 동시에 세상을 위해, 사람을 위해 봉사해야 한다 고 하는 대의명분을 갖게 되면 사람은 사업에 대한 노력을 아끼 지 않는다. 즉 지금은 정공법의 시대인 만큼 특히 인간들은 '보다 매크로의 선행'을 지향해야 하며, 그것이야말로 최대의 대의명분 이 된다고 하는 것이다. 그것은 그대로 천지 자연의 이치에도 들어맞는다.

'보다 매크로적인 선행'이란 자기만을 위한 선행이라고 하기보 다도 보다 크게 보아서 자기가 소속하는 부서를 위해, 나아가 자기의 회사를 위해, 더욱 크게 보아 세상 전체를 위해 라고 하듯 이, 자기의 힘이나 영향이 미치는 범위나 그 시점에서 가장 큰 매

자기를 위해

자기의 회사를 위해

이 세상 전체를 위해

보다 매크로적인 선행을 지향한다

크로적인 선행을 생각하고 그것을 위해 의사 결정하고 행동하는 것이다.

이 '보다 매크로적인 선행'에 관해서는 바야흐로 거의 모든 대중이 마음으로부터 이해하고 있고 시류에서 보더라도 현재 최대의 대의명분이 되어 있다는 것은 틀림 없을 것이다.

예를 들어 경영의 노하우만 보더라도 그것이 멋지고 독창적이며 귀중한 것일수록 공개하지 않고, 혼자 독점해야 한다고 하는 사람이 있으나, 나는 이 의견에 찬성하지 않는다.

오히려 좋은 것은 계속 공개해야 할 일이다. 공개해서 그것이 좋은 것이면 좋은 것일수록 많은 사람들을 기쁘게 해주며 세상을 위하고 사람을 위하는 것이기 때문이며, 또 알고 있는 것을 아낌없이 남에게 알려주게 되면 스스로는 독창적인 것이 없어지게 되므로 더욱 새로운 것을 알거나 만들려고 하게 하고, 노력하게 되기 때문이다. 즉 '보다 매크로적인 선행'이라고 하는 점에서 생각할 때, 공개하고 많은 사람들에게 알려주는 것이 대의명분에 맞는 일이라고 할 수 있을 것이다.

더구나 이것은 천지 자연의 이치에도 들어맞는다. 공개를 함으로써 결코 '행운'이 없어지는 일은 없기 때문이다.

71. 미래는 컨셉셔널 스킬의 시대

몇 번이나 말한 바와 같이, 시류에 맞거나 1등이 되든가 하는 것이 경영에서 성공의 조건이다. 시류에 맞고 또한 1등이라면 기업체는 비약적으로 신장하지만, 이것을 더 한층 발전시키려고 생각한다면 의욕적으로 열심히 노력하고 잘 배워야 한다.

이상은 경영을 성공으로 이끄는 3대 요소라고 할 수 있다.

시류라고 하는 점에서 말한다면, 앞에서도 말한 바와 같이 지금은 에고(Ego)를 주장하는 시대가 아니다. 좋은 것은 혼자 독점을 할 것이 아니라, 다른 많은 사람들에게도 나누어 주는 그런 자세가 필요하게 되었다고 할 수 있는 것이다.

틀림없이 이제까지는 인간이 에고 중심으로 경영을 생각해 왔으나, 자기만이 돈을 벌고 남을 무시하는 것 같은 경영은 현재 아무한테서도 받아들여지지 않게 되었고, 자신도 신장하고 동시에 그것에 따라 동업자, 구매처 혹은 고객도 발전해 가는 것이 올바르다고 하는 생각으로 변하게 된 것이다.

경쟁에 대해서도 같은 말을 할 수 있다. 틀림없이 경쟁 그 자체는 좋은 것이지만, 그러나 에고만을 위한 경쟁은 악습을 만들었다고 하는 것이다. 앞으로의 경쟁은 싸움에 이기기 위한 경쟁이 아니라, 인간성에 어긋나지 않는 경쟁, 오히려 인간성의 향상에

컨셉셔널 스킬의 비중이 높아진다

이바지하는 경쟁, 사람에게 공헌할 수 있는 경쟁, 더 말한다면 사랑을 위한 경쟁이 아니면 안된다.

앞으로는 정공법이 최선이고 기습법으로는 일시적인 성과는 얻을 수 있다고 하더라도 영속적인 발전은 바랄 수 없다고 하는 것, 또 앞으로 '보다 매크로적인 선행'을 지향하지 않으면 안되는 시대라고 하는 것은 이상의 점에서도 이해할 수 있을 것이다.

이러한 것은 현재가 ① 테크니컬 스킬의 시대에서, ② 휴먼 스킬의 시대, 나아가서는 ③ 컨셉셔널 스킬의 시대로 변해 왔다고 하는 것과 관계가 있는 것이다.

①이나 ②나 ③도 모두 경영을 성립시키기 위한 스킬(skill)의 하나이지만, ①은 기술 노하우, ②는 인간 관계학, ③은 교양이라고 바꾸어 말하면 이해가 쉬울 것이다.

중요한 것은 우수한 인간일수록, 혹은 기업이 커질수록 테크니컬 스킬의 비중이 내려가고 컨셉셔널 스킬의 무게가 올라간다고

하는 것이다. 그리고 그것이 앞으로의 시류가 될것이라는 사실이
다.

72. 천지 자연의 이치에서 본 경영의 체크 포인트

테크니컬 스킬 만능의 시대가 끝나고 컨셉셔널 스킬적인 것이 중시되는 시대가 되었다고 하는 것은, 그 만큼 지금은 고교양(高教養) 시대를 맞고 있다고 해석할 수 있다. 고교양이라고 하는 것은 결과적으로는 추정(推定)과도 관련되고, 전체적인 이해의 폭을 넓히는데도 크게 도움이 되는 셈이지만, 그것이야말로 인간으로서 지향해야 될 도리이고, '행운'을 위한 포인트인 것이다. 그리고 천지 자연의 이치에 맞으면 '행운'이 따르고 그렇지 않는 것은 따르지 않는다고 하는 뜻에서 생각할 때도 '고교양'은 그대로 천지 자연의 이치에 들어맞는 방법이다 라고 바꾸어 말할 수도 있을 것이다.

그런데 여기서 말하는 천지 자연의 이치라는 것을 경영이라는 관점에서 파악할 경우, 거기에는 4가지의 체크 포인트가 있다.

그 첫째는, '현재 재수가 있는가' 하는 점이다. '재수'가 나쁠 때, 의사를 결정하거나 실행하거나 하는 것은 우선 성공하기 어렵다고 하는 것이 천지 자연의 이치이고 경영의 원리·원칙이다. 이것에 관해서는 이미 제1장에서도 언급한 바 있으므로 반복할 필요가 없다.

그 둘째는 '이 일이 세상을 위해, 사람을 위해 그리고 자기

① 현재 재수가
있는가?
② 이 일이 세상을
위해, 사랑을 위해,
자기를 위해 도움이
되는가?
③ 채산성이 있는가?
④ 이 일에 경쟁자가
있는가?

경영의 4가지 체크 포인트

자신을 위해 도움이 되는가'하는 점이다. 이 가운데서 어느 것이 빠지더라도 인간은 본질적으로 명랑할 수 없고 경영체로서도 사회성이 희박해 존속이 어렵게 되어 갈 것이다.

체크 포인트의 셋째는 '채산성이 있는가' 하는 점이다. 경영에서 수지계산이 맞지 않는다는 것은 있을 수 없다고 하는 것이 나의 생각인데, 기업 경영에 있어서 이것은 절대적인 조건이라고 할 수 있다. 본래 이익이 나지 않는 기업 경영은 넌센스이다. 기업체라고 하는 것은 돈을 벌어들임으로써 존재 가치와 존재 의의가 있는 것이고 그런 뜻에서는 수익성이라고 하는 것은 필요성의 대명사라고 하지 않을 수 없다. 채산을 맞추지 못해 남을 의존하게 된다면, 자조(自助)를 전제로 하는 천지 자연의 이치에도 그야말로 어긋나게 될 것이다.

넷째 체크 포인트는 '이 사업에는 경쟁자가 있는가, 혹은 앞으로 발생하는가'하는 점이다. 적정(適正)한 경쟁은 필요하다. 무경쟁이란

것은 '행운'과의 관련도 없게 만들며 능력에 따라 평등이 없어
지는 의미에서도 천지 자연의 이치와 어긋난다. 물론 그것은 앞
에서도 말한 바와 같이, 에고(이기주의)를 위한 경쟁을 의미하
는 것은 아니다. 서로가 발전하기 위한 경쟁을 말하는 것이다.

73. 세상은 공평하고 모든 것은 필연이다
──── 대원칙 · (1)

이상과 같이 세상 만사에는 반드시 원리 · 원칙이라는 것이 있다. 현재와 같이 변화가 격심한 시대가 되면 특히 경영자에게 이러한 원리 · 원칙에 걸맞는 매크로적, 근원적 발상이 요구되는 것인데, 그것을 위해서는 '천지 자연의 이치에 따라서, 세상을 위해 사람을 위해 도움이 되는 것'이 경영 목적의 대전제라고 할 수 있다.

천지 자연의 이치는 이처럼 모두가 쉽고, 단순하고, 명쾌하다. 물론 우리가 세상의 원리 · 원칙 모두를 알고 있는 것은 아니지만, 가령 알고 있지 않더라도 원리 · 원칙에 따르면 '행운'이 따르고 어긋나면 '재수가 없는' 것이므로 아무리 자신이 무식할지라도 결과적으로 '이것이 원리 · 원칙이다', '이것은 원리 · 원칙에 어긋난다'고 하는 것을 알게 된다. 어쨌든 우리는 될 수 있는 대로 원리 · 원칙을 알고 그것에 대응할 수 있도록 노력하지 않으면 안된다.

천지 자연의 이치에 관해 이제까지 알게 된 것을 정리하면 그것은 대원칙, 일반 원칙, 특별 원칙의 3가지로 크게 분리된다.

그러면 우선 대원칙부터 살펴보자.

대원칙은 모두 6가지가 있는데, 그 첫째는 '세상은 공평하다'

매크로로 보면 이 세상은 공평하고 모두가 필연이다

고 하는 것이다.

우리 인간에게는 부족한 부분이 많아서, 될 수 있는대로 공평하게 생각하며 플래닝(계획)하고 실행하더라도 어느 시점에서는 불공평한 일이 많다. 그러나 거시적(巨視的)으로 보면 세상이라는 것은 참으로 공평하다. 누구든지 배우고 노력만 하면 계속 발전하고 행위나 사고방식까지도 모두 보상받는다. 생각한 것은 거울의 원리가 작용하며 부메랑 효과를 만들고 실현시켜 준다.

만일 세금을 내는 문제라면, 지금 내지 않는다고 기뻐하고 있으면, 어디선가 이에 대한 반격이 나타난다. 현재 불공평때문에 고민하고 있는 사람도 마음을 편하게 가질 필요가 있다. 살아있는 동안에 불공평했다면 죽고 나서 공평해진다고 생각하면 되는 것이다.

대원칙의 둘째는 '세상 만사는 모두 필연'이라고 하는 것이다.

이 세상에 존재하는 것은 모두 필요한 것일뿐 불필요한 것은 없고 또 모든 사건은 필연이며, 우연은 있을 수 없다. 어떠한 사고나 병, 또 기쁜 일일지라도 필연이라고 생각하는 것이 옳은 것 같고 그렇게 생각할 때, 이 세상에는 기적이 있을 수 없으며, 불가사의한 것도 있을 수 없는 것이 된다.

74. 세상은 공평하고 모든 것은 필연이다.
——대원칙 · (2)

　대원칙의 셋째는 '세상은 나날이 생생하게 발전하고 있다'고 하는 것이다. 세상에 있는 것은 동물이나 광물이나 식물도, 혹은 인간도, 나아가서는 신(神)까지도 매일 좋은 방향으로 발전하고 있다. 어떤 일이 일어날지는 모르지만 어제보다는 오늘, 오늘보다는 내일이 더욱 좋다. 미크로로 보아서는 알 수 없지만, 매크로(거시적)로 보면 이것은 틀림없는 대원칙인 것처럼 생각된다.

　넷째 대원칙은 '레벨이 존재한다'고 하는 것이다. 예로서 물을 들어보자. 영도 이하로 온도가 내려가면 얼음이 되고 100도 이상으로 올라가면 기체가 된다. 같은 물일지라도 기체 · 액체 · 고체라고 하는 레벨이 존재하는 것이다. 그런데, 인간과 다른 동물의 경우도 이렇게 생각할 수 있을 것이다. 인간 이외의 동물에는 이성(理性)이 없고, 앞을 내다보지 못한다. 같은 동물이면서 분명히 레벨을 달리하고 있다.

　대원칙의 다섯째는 '이 세상에서 존재하는 조직체나 그룹은 모두 그 톱에서 정해진다'고 하는 것이다. 이 세상을 하나의 조직체라고 생각하면, 그것은 그 우두머리인 창조주에 의하여 거의 결정되고 있다고 해도 된다. 우리는 창조주의 의도를 알아내고 그 의도하는 방향으로 나아가는 것이 올바른 생활 태도이다.

242

6가지 대원칙

조직체의 톱도 또한 바로 창조주와 같아서, 조직의 성원이 끊임 없이 좋은 방향으로 나아가도록 전력 투구를 하고 있지 않으면 안된다.

따라서 예컨대 회사를 잘 꾸려 가려고 생각한다면, 사장이 잘 하면 되고 그래도 발전하지 못한다면 사장을 바꾸면 된다. 앞에서도 말한 바와 같이 조직체 자체는 톱 한 사람에 의해 9 9.9％가 결정되고 만다. 이것이 다섯째의 대원칙이다.

대원칙의 여섯째는 '모든 것은 외모(인상)에 나타난다'고 하는 것이다. 이를테면 '재수(행운)가 있으면' 인상이 좋고 분위기가 밝고 따뜻하지만, '재수가 없으면' 외모가 나쁘고 분위기도 어둡고 차갑다. '재수가 있다'고 하는 것은 천지 자연의 이치에 따라서 계속 자연스럽게 발전 중이라고 생각하면 되고 '재수가 없는' 때는 천지 자연의 이치에 어긋나서 반대 방향으로 나아가고 있을 때라고 생각된다. 이런 것을 본인 뿐만 아니라 남에게도 알리기 위해 창조주는 그 사람의 인상(용모)을 활용하고 있는 것이다 라고 생각하면 이해하기 쉬울 것이다.

이상의 6가지가 대원칙이다.

75. 대원칙에 따른 일반원리 · (1)

대원칙에 부가된 형식에 일반 원리라고 하는 것이 있다. 이것은 '이렇게 하면 좋다', 혹은 '이렇게 하는 편이 훨씬 좋다', '이렇게 하면 재수가 있다'고 하는 원리라고 생각하면 된다.

그 첫번째는 '공평무사(公平無私)한 것이 좋다'고 하는 것이다.

사실은 세상은 공평한 것이지만, 우리와 같이 인간 레벨에 있어서 공평의 실현은 매우 어렵다. 따라서 어떻게 공평하게 하는가, 될 수 있는대로 공평하도록 노력하지 않으면 안된다고 하는 것이 될 것이다.

두번째는 '알기 쉬운 편이 좋다'고 하는 것이다. 예를 들면, 조직체의 경우에도 위로부터의 명령 등은 알기 쉬운 편이 좋은 것은 분명하다. 이해하기 어려운 것은 말할 필요가 없고, 해서도 안된다. 세미나 등에서도 정도가 낮은 강사일수록 영어를 많이 써서 알기 어렵게 말한다. 그것은 좋지 않다.

일반원리의 세번째는 '자유로운 편이 좋다'고 하는 것이다. 특히 현재와 같은 높은 레벨, 고교양 사회에서 사람을 움직이려고 생각한다면 그 사람의 자발적 판단력에 맡기는 것이 가장 바람직하다. 통제라든가 규제라고 하는 것은 레벨이 낮은 사람들

현재는 권력에 의해 인간이 지배되는 시대가 아니다.

을 잘 협조적으로 활용하기 위해 필요한 것이지, 레벨이 높은 사람에게는 그것은 도리어 마이너스 효과를 가져오는 수가 많다. 단속하거나 규제를 하거나 하면 권력을 사용한다는 것이 되어, 오히려 반항을 초래하게 될 것이다.

따라서 높은 교양의 사람이나 높은 레벨의 사람은 자유에 맡겨 두는 것이 가장 좋다.

물론 권력에 의해서도 사람을 움직일 수는 있다. 그러나 그 효과는 별로 없다고 하는 것이 현재의 사회 모습이 아닐까. 권력을 말한다면, 차라리 권위가 훨씬 바람직하다. 그것이 더욱 자발적 판단력에 영향을 주기 때문이다.

따라서 당연히 앞으로 권력보다는 권위의 힘이 사람을 끌어당기는데 있어서 틀림없이 강하게 될 것이다. 그것이 인간성의 향상과 비례하여 강하게 된다는 것은 이미 알려져 있는 일이다. 천지 자연의 이치에 따라 '재수의 원리'를 지키고 있으면 자연히 그대로 되어 갈 것이다.

그러한 논리를 충분히 이해하고 스스로의 권위력 향상에 전력을 기울이기 바란다. 아마 앞으로는 톱에 권위력이 없으면 조직체는 이렇다 할 활동을 할 수 없게 될 것이다.

76. 대원칙에 따른 일반원리 · (2)

일반원리의 네번째는 '포용(包容)하는 것이 좋다'고 하는 것이다.

이 포용성의 원리에 관해서는 이미 몇 번이나 언급한 바 있으므로 중복은 피하겠으나, 굳이 말하자면 이것 저것 모든 것을 살리는 편이 좋다고 하는 뜻이다. 소매점의 경영에서 전문점쪽이 좋다고 하는 사람도 있으나 이것은 사실상 좋지 않다. 전문점화(專門店化)하거나 취급 상품을 제한하거나, 세그먼트하거나 하는 것은 형편이 어렵다는 증거이다.

예를 들면, 여성의류만을 취급한다는 것과 같이, 다른 것을 완고히 거부할 것이 아니라 될 수 있으면 여성복이나 여성 양품도, 혹은 신사복 등 모든 상품을 다루도록 종합화 해 나가는 것이 좋다. 포용성이란 것이 좋다고 하는 것은 그런 것을 말한다. 그런데도, 여전히 전문점을 하고 싶다고 고집하는 것이라면, 자기는 경영 형편상 그럴수 밖에 없으니까 그렇게 하는 것이다 라고 고쳐 말해야 할 것이다.

일반원리의 다섯번째는 '매크로적인 선행(善行)을 지향하는 것이 좋다'고 하는 것이다. 이것에 관해서도 이미 언급한 바 있다. 자기의 일 밖에 생각하지 못하는 사람은 미크로(미시적)이

정리의 균형적인 일체화

고, 질적으로 나쁜 것이다. 자기의 일보다도 자기가 소속된 과, 자기가 소속한 점포나 회사, 군이나 시, 나라, 나아가서는 세계나 우주를 위해서라고 하듯이 될 수 있는 대로 크게 생각하고 행동할 수 있는 것이 좋다고 하는 것이다.

　여섯번째의 일반원리는 '정리(情理) 일체화(一體化)라는 것이 좋다'고 하는 것이다. '도리(道理)'라고 하는 것은 인간만이 가지고 있는 특성이지만 그러나 '인정'과 '도리'를 비교하면 인간은 일반적으로 '감정'이 앞서있고 이지(理智)보다는 강한 것이 곤란한 문제인데, 이 양자는 밸런스 있게 일체화 되어 있을 필요가 있다고 하는 것이다. '지혜만으로 활동하면 모가 나고, 인정에만 치우치면 눈물이 많다'고 하는 말은 나쓰메 쏘세끼(夏目漱石)의 소설《구사마쿠라(草枕)》의 서두에 나오는 말이지만, 인정이나 지혜의 어느 쪽에 치우치면 이런 것이 말이 되고 만다.

　예컨대 좋고 싫어함이 심한 사람은 비교적 정이 앞서는 사람이다. 이런 사람은 어떤 일정한 분야를 제외하고는 별로 쓸모가 없다. 아마도 소매점 등에서는 도저히 일할 수 없을 것이다.

그런 뜻에서 모든 사람, 모든 것을 좋아하게 되는 것에 호의를 갖는 것이 가장 이상적이다. 물론 그렇다고 해서 너무 반하는 것도 문제일 것이다. 반해 버리면 인정때문에 이지(理智)가 통하지 않게 되기 때문이다.

그렇게 되지 않기 위해서는 정리(情理)를 일체화 시키는 훈련을 해두는 것이 좋다.

77. 대원칙에 따른 일반원리 · (3)

일반원리의 일곱번째는 '소중하게 생각하는 것이 좋다'고 하는 것이다. 앞에서도 말한 바와 같이, 사람이나 상품이나 돈이란 것도 소중히 하면 모여들지만, 그렇지 않으면 도망쳐 버린다. 따라서 당연히 소중하게 생각하는 마음자세가 매우 중요한 것이다.

다음은 '열심히 노력하고 잘 배우려는 것이 좋다.' 는 것이 여덟번째의 일반원리이다. 나는 노는 것이 좋다고는 결코 말할 수 없는 것이다. 논다고 하는 것은 자기만을 위한 것이기 때문이다.

그러나, 노력하는 것, 공부하는 것은 자기를 위한 것이기도 하고 남을 위한 것이기도 하다. 자기만을 위해 시간을 활용하는 것보다도 훨씬 고차원적으로 남을 위해 노력하게 되면 그만큼 '행운의 원리'에도 들어맞는다고 할 수 있을 것이다.

일반원리의 아홉번째는 '플러스 발상을 하는 것이 좋다'는 것이다. 이것에 관해서는 새삼스레 설명할 필요가 없다.

다음, 열번째의 일반원리는 '정공법(正攻法)이 훨씬 좋다'고 하는 것이다. 기습법과 같이 사람을 깜짝 놀라게 하는 방법이 아니라 정공법으로 정정당당히 공격하는 것이 좋다. 이것에 관해

상대방도 돈 벌게하고 자기도 벌자.

서도 이미 언급한 바 있다.

다음은 열 한번째인데, '기쁘게 해주는 것이 좋다'. 예컨대 도매 상이나 메이커를 괴롭혀서 돈을 벌고 있는 대형 양판점의 방법에 관해서는 이미 말한 바 있고, 같은 돈벌이일지라도 상대를 괴롭 히거나 울리거나 하는 방법은 결코 좋은 것이 아니며, 반드시 보복을 당하거나 나중에 화근을 남기게 된다는 것을 명심할 필요 가 있다.

어차피 돈을 벌려면 상대방도 기쁘게 해주고 자기도 벌지 않으 면 안된다. 남을 돈벌게 하고 자기도 번다는 것은 '양심의 원칙' 에도 맞는 가장 올바른 방법이라고 할 수 있다.

'양심의 원칙'이란 양심에 어긋나는 일은 성공이 어렵다고 하는 뜻인데, 돈버는 방법으로 말하면 ① 남에게 직업과 그 댓가 를 주고 벌어라. ② 남을 돈벌게 하고 자기도 벌어라. ③ 남아도 는 물자를 사용해서 돈을 벌어라. ④ 부족한 물자는 최대한 사용 하여 벌어라. ⑤ 정공법으로 벌라고 하는 것을 그 내용으로 하는 것이다.

그런데 일반원리의 마지막인 열두번째는 '공동화(共同化)가 좋다'고 하는 것이다. 혼자서 하는 것보다도 남과 서로 도와가며 공동으로 노력하여 성과를 이룩하는 것이 바람직하다는 뜻으로 해석하기 바란다.

78. 반복의 원칙과 밸런스의 이론

이상이 어떻게 하면 '재수'가 있는가를 생각한 12가지의 일반 원리이지만, 원리·원칙에는 이 밖에도 ① 거울의 원칙, ② 반복의 원칙, ③ 시나지(고품질 구비)의 효과, ④ 밸런스 이론, ⑤ B=f(EP), ⑥ P=mn라고 하는, 경영에 대한 6가지의 특별 원리가 있다. 이것들에 관해서는 일반원리와 마찬가지로, 이미 기회 있을 때마다 설명한 부분이 많으므로, 여기서는 새삼스레 해설할 필요가 있다고 생각되는 사항에 관해서만 말해 두려고 한다.

우선 다루지 않으면 안되는 것은 '반복의 원칙'이다. '거울의 원칙'에 관해서는 '12'항을 보기 바란다. 표현되는 언어라고 하는 것은 에너지이다. 입에서 나온 말은 에너지가 되어 그대로 실현 되는 수가 많다. 따라서 예컨대 어린이에 대해서 "너는 착한 아이다" 하고 계속 말해 주면 정말로 착한 아이가 되고 "너는 나쁜 아이다"라고 계속 말해 주면 정말로 나쁜 아이가 되고 만 다. 이것이 '반복의 원칙'이다.

또 10번 반복하면 거짓말도 참말이 된다고 하는 원리가 있다. 예컨대, 여성을 설득할 경우 "당신을 좋아한다"라고 말하는 경우 가 반복되면 그것이 거짓말일지라도 이윽고 정말로 좋아지는 수도 있을 것이다. 이것은 '반복 원리'의 응용이라고 말해도 좋을

밸런스 이론

다음에 '밸런스 이론'에 관해서 알아보자.

여기에 A, B, C, D라고 하는 4명의 사람이 있다고 하자. 이 경우, 개인과 개인이라고 하는 최소 단위에서 생각하면 인간관계는 그림과 같이 6가지가 있게 된다. 서로 좋아하는 관계를 플러스, 싫어하는 관계를 마이너스라고 표현한다면 플러스가 6이 되든가, 그 가운데서 하나만 마이너스가 되든가, 둘 또는 3, 혹은 4, 혹은 5가지가 마이너스로 되든가, 그렇지 않으면 6가지 전부 마이너스가 되거나 하는, 6가지 관계가 생긴다.

여기서 문제되는 것은, 어떤 경우에 이 4명의 그룹 관계가 원만하게 진행 되는가 하는 점이다. 플러스와 마이너스를 전부 곱해 전체가 플러스로 되면 잘 되는 것이고, 마이너스가 되면 잘 되지 않는 관계다. 그것이 이 경우의 대답이다. 결국 마이너스가 1, 3, 혹은 5일 때는 인간 관계가 잘 되지 않고 그 이외일 때는 밸런스가 잡히어 원만하게 진행된다. 이것을 '밸런스 이론'이라고 하는 것이다.

79. 원리원칙과 근원을 알고 현실에 대응하자

결국, 다른 5쌍의 사이가 좋더라도 1쌍만 사이가 나쁘면 전항에서 말한 4명 그룹의 인간 관계는 잘 되어가지 않고 반대로, 모두(6가지 쌍)의 사이가 나쁘더라도 인간 관계는 잘 되어 간다. 여기에 '밸런스 이론'의 잠재된 묘미가 있다고 할 수 있다.

또 전항에서 소개한 특별 원리 가운데 $B=f(EP)$라고 하는 원칙은 인간의 행동을 나타내는 공식이고 B는 Behavior(행동), E는 Environment(환경), P는 Personality(인간성, 개성)의 약자이다. f는 함수를 나타내는 function임은 말할나위도 없다.

또 하나 $P=mn$이라고 하는 것은 이익의 원칙을 나타내고 있다. P는 Profit(이익), m은 상품의 총수, n은 으뜸의 수인데, 결국 m과 n의 곱이 이익을 낳는다고 하는 뜻이다. 장사는 보다 종합화를 지향하는 것이 옳다고 하는 것을 이 공식은 시사하고 있다.

이상과 같이 대원칙, 일반원리, 특별원리에 관해 간난하게 설명을 하였는데, 이러한 원리·원칙을 확인하고 실행으로 옮기는 것은 지금 대단히 중요하다.

이 책 전체의 정리라고 하는 뜻에서 말하더라도 이러한 원리·원칙이나 근원을 알고 현실에 대응해 가는 것이 얼마나 중요한가, 그것이 제일 먼저 지적되어야 할 결론이 될 것이다.

우선 원리·원칙과 근원을 알자

지금 경영 환경이 점차 어려워져 가는 가운데 궁지에 몰려 있는 기업도 많고 언제 자기 회사가 그와 같은 처지에 빠질지도 모른다. 그러나 이러한 경우에도 세상의 원리·원칙과 경영의 원리·원칙 그리고 근원을 알고 정확하게 현실에 대응하면 어떠한 곤란일지라도 반드시 극복할 수 있다. 그런 자신감을 가지고 매사에 임해야 할 것이며 결코 초조해 하거나 당황하는 일이 없어야 한다.

원리원칙과 근원을 안다고 하는 것은 매크로적으로 사물을 본다고 하는 것이다. 매사를 그러기 위해서, 가령 과장 클래스의 사람이라면, 자신을 사장의 위치에 올려 놓고 매사를 판단하거나 의사 결정하거나 하는 훈련을 습관화 하면 좋다. 자기보다 언제나 3단계 정도 위의 입장에서 사물을 보고 생각할 수 있도록 하면 매크로로 사물을 볼 수 있게 된다고 하는 것이다.

어쨌든 중요한 원리·원칙을 알고 적확하게 현실 대응을 할

수 있도록 노력을 지속하기 바란다. 이것이 지금 특히, 경영자가
곧 착수하지 않으면 안되는 첫번째 임무인 것이다.

80. 진실을 알고 알리면서 지속 가능한 것에 노력한다

원리·원칙이나 근원을 알기 위해서는 진실을 스스로 알고 사람에게 알리도록 노력하는 것이 중요하다. 이것이 지금 곧 착수하지 않으면 안되는 두번째 임무라고 할 수 있다.

현재와 같은 정보화 사회에서는 알려고 생각하면 무엇이나 알 수 있다. 이같은 좋은 환경 밑에 있으면서 알려고 노력하지 않는 사람이 있다면 이것은 매우 안타까운 일이다. 또 부하나 동료에게 알려주기만 하면 전체적으로 큰 힘이 되는 정보인데도, 그것을 공개하지 못하고 인색하다면 정말이지 넌센스라고 밖에 말할 수가 없다.

젊은 사람이나 부하라면 위에 선 상급자가 알려 주지만, 상대가 톱이라도 되면 좀처럼 마음을 터 놓고 솔직하게 말해 주려고 하지 않는다. 따라서 그런 사람들은 필요한 정보가 있으면 무엇이거나 알려 주는 친구를 갖거나 정보 네트워크에 가입하거나 해야 한다.

원리·원칙이나 근원이라고 하는 것은 잘 알려져 있는 것 같으면서도 의외로 알려져 있지 않다. 알려고 노력하거나, 알려 주려 애쓰는 일이 없는 탓이기도 할 것이다. 호기심을 가지고 스스로가 적극적으로 알려고 노력하며 동시에 알리는 것의 중요성도

"그래도
지구는 돌고 있다."

진실을 알고 알려준다.

사명감으로서 느껴 주기 바란다.

　다음에 세번째로 하여야 될 일은, 계속할 수 있는 것을 하자, 계속할 수 없는 것은 피하자고 하는 것이다. 말할 나위도 없이 경영이란 행동하는 것이며 새로운 것에 대한 도전을 끊임없이 지속하는 것이다. 그러기 위해서는 '최종 도달계(到達系)'를 명확히 설정하고 그것을 향해, 계속할 수 있는 것을 착실하게 해나가는 수 밖에 없다. 그러나 이것이 참으로 어렵다. 계속할 수 있는 것을 확실하게 한다고 하는 문제에 대하여는 이를테면, 앞에서 소개한 '후레쉬 시스템즈'의 실례가 이해하기 쉬울지도 모른다. 후레쉬 시스템즈에서는 누구나가 좋다고 납득할 수 있는 '최종도달계' (조직화된 고객에 대한 전면적, 개별적인 대응 시스템)를 목표로, 모든 비판을 수용하면서 지속적으로 행동과 도전을 계속하고 많은 협력자의 도움을 받아 성공으로의 길을 걸어갈 수 있는 것이다.

　이렇게 보면 '계속할 수 있는 것을 하자'고 하는 것은 철저한
플러스 발상으로서 남과의 공동화(共同化)가 가능하며, 시류와
자기의 체질에 맞는 것을 끊임없이 찾아 도전하는 것이 전제로서
필요하다는 것을 알 수 있을 것이다.

81. 기브 & 기브 경영을 목적으로, '행운의 원리'를 활용하여 자신감을 갖는다

현재 당면된 4번째의 과제는 기브 & 기브(give and give) 경영에 대한 도전이다.

손익 계산에서 행동하는 사람은 예로부터 최종적으로 남들로부터 감사하다는 말을 듣는 일이 별로 없었다. 반대로 받는 것보다는 남에게 주는 것이 많은 사람들은 경영자나, 종교인이나 사람들로 부터 크게 존경을 받아왔던 것이다. 물론 거기에는 '남으로부터 칭찬을 받자', '인정을 받자', '감사하다는 말을 듣자'라고 하는 공명심이나 잘못된 마음은 없었다고 할 수 있다.

경영의 과정에서도 사원이나 거래처, 고객을 포함하여 많은 사람들을 위해 일하는 기쁨을 추구함으로써 기업체나 조직·인재·상품 등의 능력이 충분히 발휘된다. 이것이 기브 & 기브 경영의 기본적인 생각이다.

적어도 우선은 기브 & 테이크의 상식적인 경영에 힘쓰기 바란다. 항상 주는 것이 많은 기업인이나 사람은 그 반응도 좋은 방향으로 작용되고 성공과 연결되는 것이다.

지금 하지 않으면 안되는 다섯번째의 과제는 '재수의 원리를 살리고 자신감으로써 경영에 참여하자'고 하는 것이다.

특히, 지금 유통업에 관계하고 있는 사람들은 '재수있는' 사람

행운의 원리에 따르며, 자신감을 가져라.

들이라고 해도 틀림없다. 따라서 유통업자들은 자기가 유통업자라고 하는 것에 감사하고 솔직하게 경영에 노력하지 않으면 안될 것이다. 실제로 그렇게 노력하는 기업가는 반드시 발전할 것이라고 확신한다.

　행운의 원리에 관해서는 이미 제1장에서도 자세하게 말했지만, 특히 여기서는 '16' 항과 '17항'에서 말한 '행운인의 특성'에 대해서 다시 한번 되돌아 보기 바란다. '행운'이란 것은 이미 말했듯이 인간성이 향상해 가는 것도 된다는 것을 알았을 것이다. 또 이 재수나 행운의 원리를 갖고 자기를 포함하여 자기의 회사나 부하, 거래처나 유력한 경쟁 상대 등을 떠올리면서 그것에 비추어 보면 흥미있고 재수의 원리를 보다 깊게 이해하는 데도 크게 참고가 될 것이라고 생각한다.

　인간성을 향상시키기 위해서는 천지 자연의 이치에 맞는 행동을 해야 한다. 그렇게 하면 얼굴의 인상이 좋아지고 따뜻하게 되며 능력도 생긴다. 그리고 그런 사람들이야말로 경영의 최고

자원인 인재(人材)가 사람으로 될 수 있는 것이다.

이같은 인재 만들기를 위한 도전을 이 장의 마지막에서 부탁드리고자 한다.

저자약력─────────────────────

● 1933년 오오사카에서 출생. 교토대학 졸업.
● 일본 산업심리연구소 연구원. 일본 매니지먼트협회·경영 컨설턴트.
  경영지도부장 이사 등을 거쳐 1970년 (주) 일본 마아케팅센터 설립.
● 현재 후나이그룹(후나이총합연구소) 총수
● 경영 컨설턴트로서는 세계적으로 제1인자. 고문으로 있는 기업체만도
  유통업의 과반이 넘는 대기업체를 중심으로 약 1,300사. 지난 10년간
  후나이의 지도로 매상이 90배 이상, 이익이 180배 이상 성장한 기업은
  100개사 중 60개사로서 그 중 도산된 회사는 하나도 없음.
● 주요저서 〈성공의 노하우〉〈인간시대의 경영법〉〈성공을 위한 인간
  학〉〈21세기 경영법칙 101〉〈패션화시대의 경영〉〈매상고 향상 비법〉
  〈베이식 경영법〉〈신유통 혁명〉〈유통업계의 미래〉등 다수.

개정판 2021년 9월 30일
발행처 서음미디어(출판사)
등록 2009. 3. 15 No 7-0851
서울特別市 東大門區 新設洞 114의 7
Tel 2253-5292
Fax 2253-5295

企　劃
李 光 熙
發行人
李 光 熙
著　者
船井幸雄
編　譯
最高經營者研究院
Printed in korea
정가 15,000원